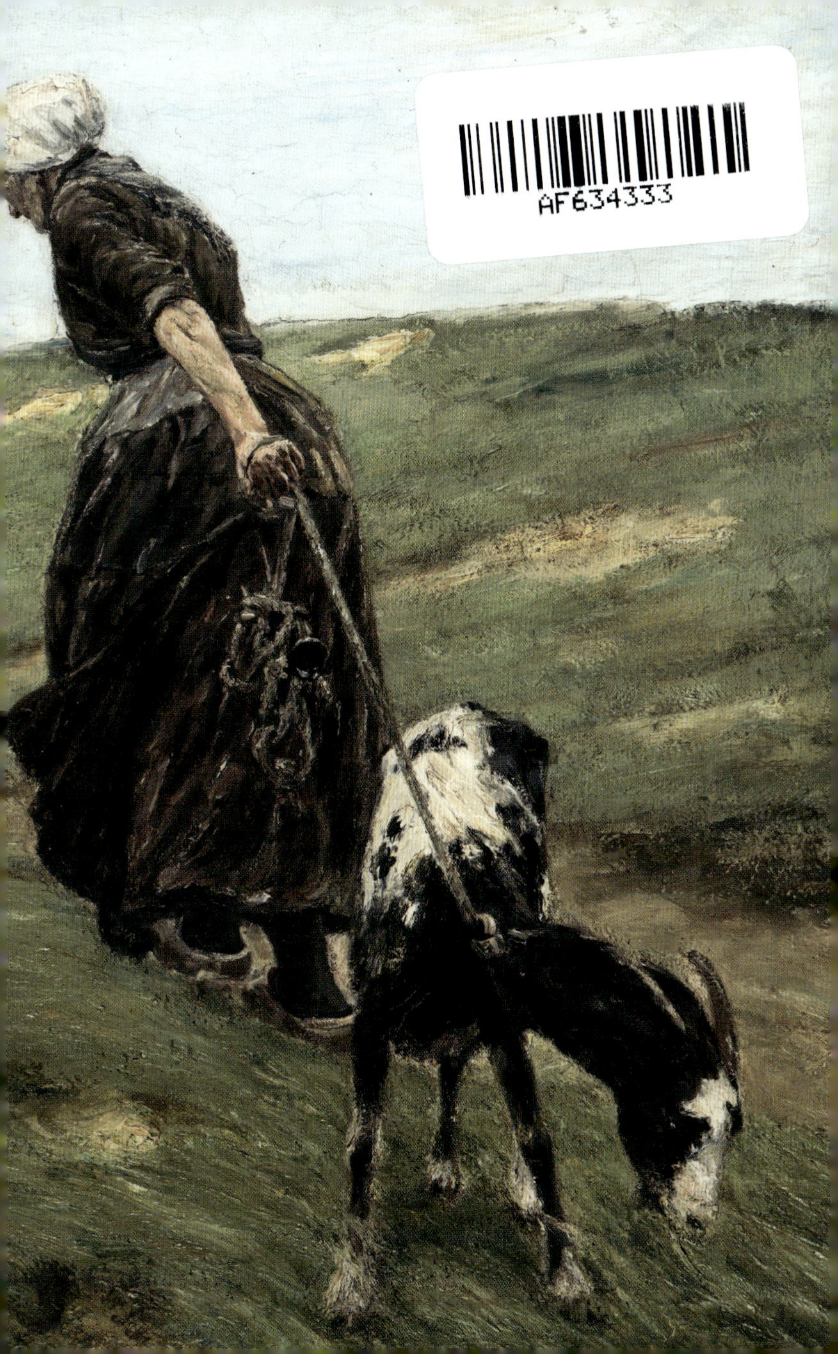

WIENAND'S KLEINE REIHE
DER KÜNSTLERBIOGRAFIEN

OTTO DIX
MAX ERNST
ALEXEJ JAWLENSKY
ERNST LUDWIG KIRCHNER
GUSTAV KLIMT
KÄTHE KOLLWITZ
WILHELM LEHMBRUCK
AUGUST MACKE
PAULA MODERSOHN-BECKER
AMEDEO MODIGLIANI
GABRIELE MÜNTER
EDVARD MUNCH
EMIL NOLDE
CHRISTIAN SCHAD
EGON SCHIELE
MAX SLEVOGT
MARIANNE VON WEREFKIN

Martin Faass

MAX LIEBERMANN

Wienand

Inhalt

Ein Sohn aus gutem Hause | 5

Studienjahre in Weimar | 12

Liebermann in Paris | 19

„Malheimat“ Holland | 26

Ein Preuße in Bayern | 36

Rückkehr nach Berlin | 44

Die Entdeckung des Impressionismus | 58

Mitglied der Akadamie – Präsident der Secession | 68

Das Sommerhaus am Wannsee | 76

Große Ehrungen und ein tragisches Ende | 86

EXKURSE

Die Schule von Barbizon | 10
Liebermann als Sammler | 66
Die Liebermann-Villa. Künstlerhaus, Museum, Garten | 78
Liebermann als Porträtmaler | 88

Die Nachahmung der Natur seitens des Künstlers ist nimmer eine Nach- und Neuschöpfung, die in der Darstellung dessen besteht, was er […] und kein anderer in die Natur hinein- oder aus der Natur heraussieht. Aber künstlerisches Sehen heißt nicht nur optisches Sehen, sondern auch Erschauen der Natur […].

Max Liebermann, *Die Phantasie in der Malerei*, 1916

Ein Sohn aus gutem Hause

LIEBERMANN & SÖHNE

Das Neue Museum ist noch im Bau, als Max Liebermann am 20. Juli 1847 auf der gegenüberliegenden Seite der Spree geboren wird: Die elterliche Wohnung in der Burgstraße 29 liegt in Sichtweite. Noch ist der Blick auf den Bau des Schinkel-Schülers Friedrich August Stüler frei, denn die Nationalgalerie – heute Alte Nationalgalerie genannt –, in der einmal die Meisterwerke des Künstlers hängen werden, wird erst errichtet, als Max Liebermann bereits ein junger Mann ist. Berlin erlebt soeben einen Wachstumsschub. Innerhalb von zwei Jahrzehnten hat sich die Bevölkerung verdoppelt, die Stadt ist im Geburtsjahr Liebermanns mit mehr als 400 000 Einwohnern die viertgrößte Metropole Europas. Die Industrialisierung ist in dem von Landwirtschaft geprägten Land Preußen allerdings spät in Gang gekommen. Bisher sind kaum nennenswerte Kilometer Eisenbahnstrecke gebaut. Allmählich jedoch wird Berlin zu einem wichtigen Wirtschaftszentrum.

Die Herkulesbrücke in Berlin, links das Geburtshaus von Max Liebermann, 1877

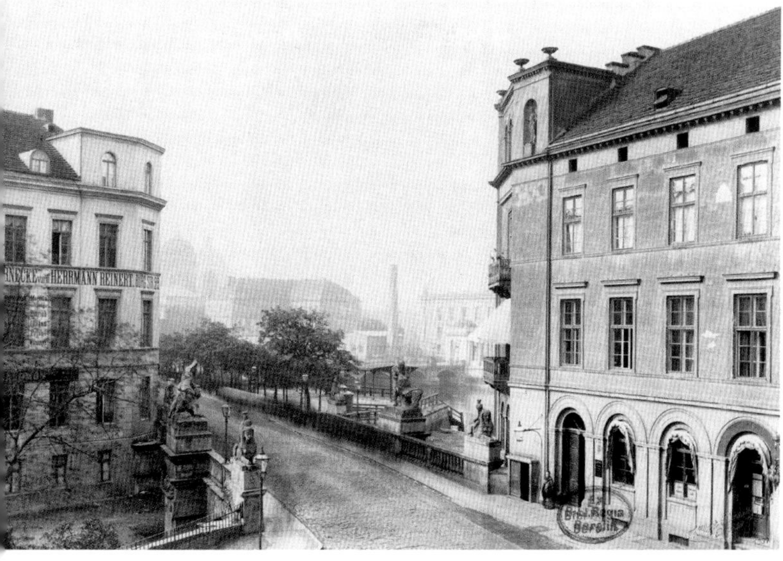

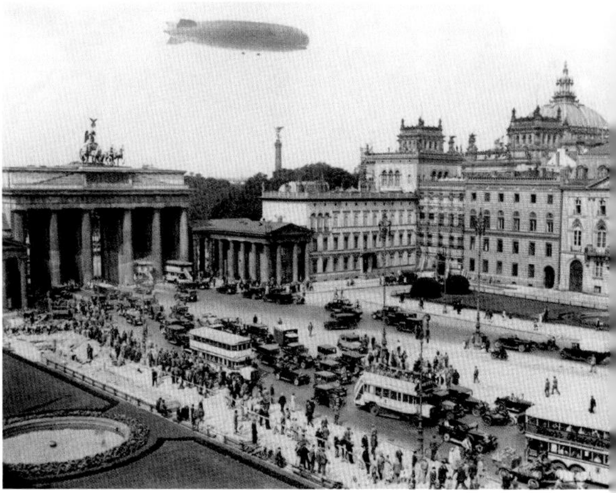

Ein Zeppelin über dem Brandenburger Tor mit dem Liebermann-Haus und der Französischen Botschaft, 16. August 1929

Die Familie Liebermann hat an diesem Aufschwung als Inhaber einer Manufakturwarenhandlung ihren Anteil. Durch unternehmerisches Geschick gelingt es der von Liebermanns Großvater Joachim Liebermann gegründeten Firma „Liebermann & Söhne", Berlin zu dem für bedruckte Baumwollstoffe wichtigsten Produktionsstandort zu machen, bis dahin eine Domäne englischer Unternehmen. Nach dem Tod des Gründers im Jahr 1860 wird das Unternehmen von seinen Söhnen Benjamin und Louis Liebermann weitergeführt. Louis, der Vater von Max und seinen drei Geschwistern, ist seit 1841 mit Philippine Haller, der Tochter des Juweliers Joseph Haller, verheiratet. Die Wohnung in der Burgstraße ist seine erste eigene Adresse und liegt ganz in der Nähe des Firmensitzes in der Spandauer Straße. In der Nachbarschaft wohnen erfolgreiche jüdische Kaufleute und Bankiers. Fünf Jahre nach der Geburt des Sohnes Max zieht die Familie in die Behrenstraße, parallel zur Straße Unter den Linden, um schließlich das unmittelbar neben dem Brandenburger Tor gelegene Haus mit der Adresse Pariser Platz Nr. 7 zu kaufen, das heute als Liebermann-Haus bekannt ist. Der Kauf dieses von Friedrich August Stüler erbauten Palais' im klassizistischen Stil veranschaulicht den sozialen Aufstieg der Familie. Es ist eines der durch Lage und Architektur herausgehobenen Gebäude der eleganten Gegend am Ende der Prachtstraße Unter den Linden und eine würdige Residenz für einen mehrfachen Millionär. Die sparsame und glaubensstrenge Familie aber bewohnt mit drei Söhnen und einer Tochter nur das erste Stockwerk. Die anderen Etagen sind vermietet. Max Liebermann ist jetzt zwölf Jahre alt und teilt sich mit seinen Brüdern ein kleines Zimmer, ebenso wie den Frack, mit dem alle drei Jungen nacheinander zum Abitursexamen antreten.

LIEBER ZEICHNEN ALS RECHNEN

Max Liebermann besucht das Friedrichwerdersche Gymnasium mit gutem Erfolg – und gewissen Schwächen in Mathematik, wenn seine Leistungen auch tatsächlich nie so schlecht sind, wie es seine Biografen im Rückblick glauben machen wollen. Immerhin wird er in der Liste der elf Abiturienten seines Jahrgangs an vierter Stelle genannt. Viel lieber als mit wissenschaftlicher Theorie und Naturwissenschaften beschäftigt sich der Junge aus gutem Hause mit handwerklichen Dingen. In den Fabriken seines Vaters im schlesischen Eulau, wo die Familie in einem standesgemäßen Gutshaus die Sommerferien verbringt, hat es ihm die Möbeltischlerei besonders angetan, sodass ihm sein Vater in einer Bodenkammer des Hauses am Pariser Platz eine vollständige Tischlerwerkstatt einrichten lässt. Außerdem zeichnet Max viel, besonders auf den Straßen oder im Zoologischen Garten. In seinen frühen Skizzenbüchern finden sich auch Darstellungen von Waschfrauen, sehr lebensecht wiedergegebene Elefantenköpfe sowie Porträts von Familienmitgliedern. Sein Vater hofft, dass die Zeichnerei nur eine jugendliche Phase ist. Dennoch bleibt die künstlerische Begabung auch ihm nicht verborgen. Spätestens nach dem Ereignis im Atelier der Malerin Antonie Volkmar lässt sich das Talent des Jungen nicht mehr leugnen: Liebermanns Mutter sucht die Künstlerin in deren Atelier auf, um sich porträtieren zu lassen. Max begleitet sie zu den Sitzungen und fertigt zum Zeitvertreib selbst eine Zeichnung von der Mutter an. Die in wohlhabenden Kreisen viel beschäftigte Malerin – sie hat in Paris bei Léon Cogniet studiert – ist von dem Ergebnis des 15-Jährigen sehr angetan und setzt bei seinen Eltern durch, dass er Zeichenunterricht bei Eduard Holbein erhält, dem Leiter der Vorbereitungsklasse für die Akademie der Künste.

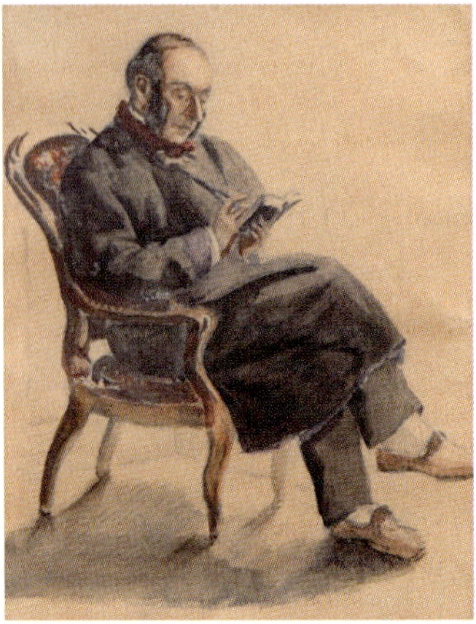

Vater Louis Liebermann im Lehnstuhl, um 1865, 16,9 × 12,7 cm, Zeichnung, Max-Liebermann-Gesellschaft Berlin

IM ATELIER VON CARL STEFFECK

Mit 16 Jahren darf Max Liebermann seine Zeichnungen dem Maler Carl Steffeck, einem Professor an der Akademie, vorlegen. Steffeck erkennt die Begabung des Jungen sofort und erteilt ihm an zwei Nachmittagen in der Woche Unterricht. Am liebsten würde Liebermann gleich die Schule verlassen, um Maler zu werden. Doch der Vater gibt dem Willen seines Sohnes nicht nach. Auch wenn er schon ahnt, dass der Junge wohl kaum für das Geschäft zu gebrauchen sein wird, besteht er darauf, dass Max das Abitur ablegt. Nach erfolgreichem Schulabschluss schreibt sich Max Liebermann, um seine Eltern zu beruhigen, an der Berliner Universität für das Fach Chemie ein. Die chemische Industrie entwickelt sich damals zu einem Motor des Wirtschaftswachstums in Preußen, weshalb auch schon sein Cousin Carl Theodor dieses Fach studiert hat und darin sogar promoviert wurde. Die Studienwahl schützt Liebermann vor weiteren Diskussionen und verschafft ihm die nötige Zeit, um sich über seinen weiteren Weg klarzuwerden. Sie ist letztlich ein reines Ablenkungsmanöver, denn er belegt in Chemie nicht einen einzigen Kurs. Stattdessen genießt er die neu gewonnene Freiheit, und während seine Familie ihn in der Universität wähnt, unternimmt er Ausritte in den Tiergarten und besucht weiter mit großem Fleiß das Atelier von Carl Steffeck. Hier hält er zum ersten Mal Pinsel und Palette in der Hand und darf als Gehilfe an einem Auftragswerk mitarbeiten. Mit Kopien nach Tizian, Ingres und Menzel, mit Porträts und insbesondere mit Studien von Pferden – ein Sujet, das als besondere Spezialität seines Lehrers gilt und damit im Atelier an der Hollmannstraße gängig ist – übt er seine Fertigkeiten. Sein Lehrer hält große Stücke auf ihn, und so steht für Max Liebermann bald fest: Er will Maler werden.

BERUFSWUNSCH KÜNSTLER

Am 22. Januar 1868 exmatrikuliert die Universität Max Liebermann. Die Begründung: „Studienunfleiß". Spätestens jetzt muss er sich erklären und seiner Familie den unumstößlichen Entschluss mitteilen. Die Eltern sind – ein fester Topos in Künstlerbiografien – höchst alarmiert. Louis Liebermann empfindet diese Berufswahl als großes Unglück und geht so weit, seinem Bruder Benjamin gegenüber Max als einen „verlorenen Sohn" zu beklagen. Wie tief seine Beunruhigung reicht, veranschaulicht eine Situation im Jahr darauf: Als der Vater bei einem Aufenthalt in Bad Kissingen schwer erkrankt, lässt er telegrafisch all seine Kinder zu sich kommen. Max tritt als Erster ans Krankenbett. Im Fieber allerdings und aufgrund der schummrigen Beleuchtung glaubt der Vater seinen ältesten Sohn Georg vor sich zu haben, der bereits ins väterliche Unternehmen eingetreten ist, und bittet ihn, für seinen Bruder zu sorgen, wenn er selbst nicht mehr da sei. „Max wird sich nie alleine ernähren können", sind seine Worte. Dieses der Sorge entspringende väterliche Urteil, das nicht für seine Ohren bestimmt ist, verletzt Liebermann und wird noch lange an ihm nagen. Es setzt ihn unter Rechtfertigungsdruck und mag ein Grund für den Ehrgeiz sein, mit seiner Kunst auch wirtschaftlich erfolgreich zu werden. Louis Liebermann stirbt erst lange Zeit später, 1894. Doch die Ehrungen seines Sohnes und die stattlichen Erlöse aus Bildverkäufen wird er nicht mehr erleben.

Ach, wenn doch etwas Ordentliches aus mir würde, damit ich mich in den Kreisen meiner großen und tüchtigen Brüder nicht gar zu power ausnehme.

Max Liebermann an seinen Bruder Felix, Weimar, 19. Juli 1871

Die Schule von Barbizon

Als Begründer der sogenannten Schule von Barbizon, die eher ein lockerer Künstlerkreis als eine aus Schüler-Lehrer-Verhältnissen resultierende Schule war, gilt Jean-François Millet (1814–1875). Der französische Maler, der in Paris studiert hat und sich mit mäßigem Erfolg an Ausstellungen beteiligt, zieht 1849 in das eine Stunde südlich von Paris am Wald von Fontainebleau gelegene Dorf Barbizon. Fern der lärmenden Großstadt will er sich hier einem für die damalige Zeit geradezu revolutionären Thema widmen: dem harten bäuerlichen Leben. Seine realistischen Darstellungen der Arbeit auf den Feldern und Äckern in der Umgebung von Barbizon machen ihn zum bedeutendsten Bauernmaler seiner Zeit und zu einem Vorbild für alle jungen

Jean-François Millet, **Die Ährenleserinnen (Les glaneuses)**, 1857, Öl auf Leinwand, 84 × 111 cm, Musée d'Orsay, Paris

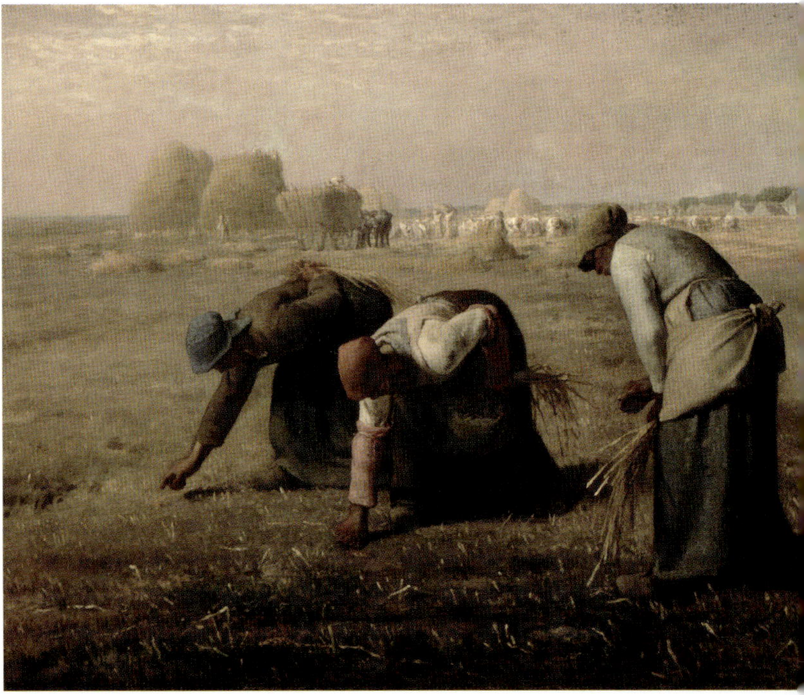

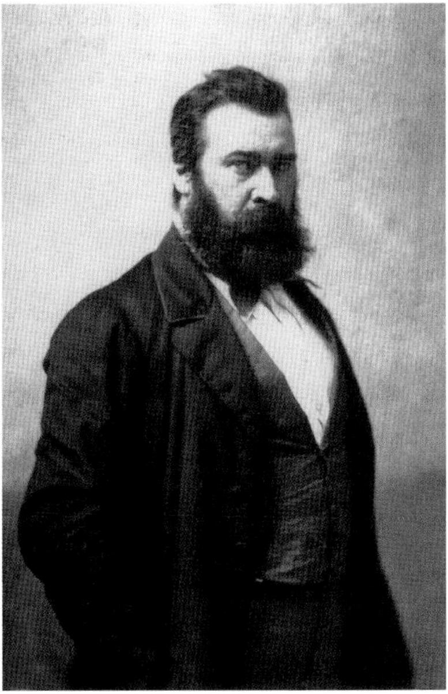

Jean-François Millet, 1856/58,
Foto: Félix Nadar

Künstler, die eine Alternative zur akademischen Tradition der Landschaftsmalerei suchen. Durch Druckgrafik und Fotografie sind seine Darstellungen bald so verbreitet, dass sie europaweit aufgegriffen werden. Besonders bekannt werden auf diese Weise die tief gebückten Frauengestalten aus seinem Gemälde *Die Ährenleserinnen* von 1857, die zu einem Schlüsselmotiv der realistischen Malerei werden. Um Millet entsteht in Barbizon ein Künstlerkreis, der großen Einfluss auf die Entwicklung der europäischen Landschaftsmalerei des 19. Jahrhunderts hat. Dazu gehören unter anderem die Künstler Jean-Baptiste Camille Corot (1796–1875), Gustave Courbet (1819–1877), Constant Troyon (1810–1865) und Charles-François Daubigny (1817–1878). Sie folgen zwar keiner einheitlichen künstlerischen Lehre, sind sich aber mit Millet in einem Punkt einig: Sie lehnen die an der Akademie geförderten religiösen und mythologischen Bildthemen ab und streben im Gegensatz dazu eine realistische Naturdarstellung an. Unter freiem Himmel fertigen sie Skizzen, auf deren Grundlage später im Atelier ihre Werke entstehen. Viele Künstler lockt der nahe gelegene Wald, der durch sein dichtes Unterholz vielen wie ein Urwald erscheint. Durch die zunehmende internationale Anerkennung der Kunst Millets wird Barbizon zu einem Sehnsuchtsort, von dem sich Künstler und Kunsttouristen aus ganz Europa Anregungen erhoffen.

Studienjahre in Weimar

FORTSCHRITTLICHER UNTERRICHT

Das Jahr im Atelier von Carl Steffeck hat Liebermann gut genutzt und sich mit Zeichnen nach der Natur, worauf sein Lehrer größten Wert legt, sowie mit Ölstudien auf das Studium an der Akademie vorbereitet. 1868 geht er nach Weimar, das mit der neu gegründeten Großherzoglichen Kunstschule in vielerlei Hinsicht für einen aufstrebenden Maler interessant ist. Unter der Leitung von Stanislaus Graf von Kalckreuth ist das erst acht Jahre zuvor gegründete Institut organisatorisch und stilistisch eines der fortschrittlichsten im Deutschen Reich. Für die progressive Ausrichtung steht vor allem Liebermanns Lehrer Theodor Hagen, ein früher Anhänger der **Freiluftmalerei** *. Hagen ist vor dem Antritt seiner Professur 1867/68 in Paris und Barbizon gewesen und hat hier die neuen Tendenzen der französischen Malerei kennengelernt, die von dem malerischen Realismus der Künstler Gustave Courbet, Camille Corot und insbesondere von Jean-François Millet geprägt waren, der als Kopf der Schule gelten konnte. Natürlich kommt Liebermann auch in Weimar nicht daran vorbei, in der Vorklasse von Paul Thumann zunächst ganz traditionell nach Gipsabgüssen zu zeichnen. Danach ist er Schüler bei Ferdinand Pauwels, dessen pedantische Art der **Historienmalerei** * für Liebermann nicht sonderlich anregend ist. Da ist die Landschaftsklasse des nur fünf Jahre älteren Professors Theodor Hagen mehr nach seinem Geschmack. Hagen vermittelt ein „frisches, unmittelbares Naturempfinden“ und hält seine Schüler dazu an, in

---

* **FREILUFTMALEREI** *(frz.* plein air*) bezeichnet die Art der Malerei, bei der die Künstler mit Staffelei und Farben in die freie Natur hinausziehen, um vor Ort unter den Bedingungen des natürlichen Lichts Landschaftsmotive zu malen.*

* **HISTORIENMALEREI** *ist eine Kunstgattung, in der biblische Geschichten, große historische Ereignisse, wie z. B. Schlachten und mythologische oder literarische Stoffe, dargestellt werden. Sie galt bis ins 19. Jahrhundert an den Akademien als wichtigste Gattung der Malerei.*

der ländlichen Umgebung von Weimar zu malen. Unter seinem Einfluss entstehen vermutlich Liebermanns erste Freiluftarbeiten, zu denen unter anderem die Studie *Baufälliges Haus* von 1871 gehört.

BEGEGNUNG MIT MUNKÁCSY

Als Theodor Hagen Pfingsten 1871 eine Reise nach Düsseldorf unternimmt, begleitet Liebermann ihn in die rheinische Kunstmetropole, die damals im Bann des ungarischen Malers Mihály Munkácsy steht. Sein Name ist in aller Munde, denn der junge Maler hat gerade mit seinem ersten großen Gemälde, *Letzter Tag eines Verurteilten*, einen sensationellen Erfolg in Paris gefeiert. Liebermann möchte den ungarischen Künstler unbedingt kennenlernen, und da Hagen ihn aus seiner Düsseldorfer Zeit kennt, kann er den Kontakt herstellen. Auf diese Weise kommt der Student ins Atelier Munkácsys und sieht hier das Gemälde *Die Charpiezupferinnen*, in dem der berühmte Kollege Frauen beim Herstellen von Verbandsmaterial dargestellt hat. Die ungeschönte Wiedergabe einer dunklen Bauernstube und die natürliche Wirkung der Szene hinterlassen bei Liebermann einen tiefen Eindruck. „Mit dem Augenblicke“, bemerkt sein Biograf Erich Hancke, „[...] erwachten seine schlummernden Kräfte, und als ein anderer wie er gekommen war, verließ er Düsseldorf.“ Nach dieser Begegnung kehrt Liebermann nicht direkt

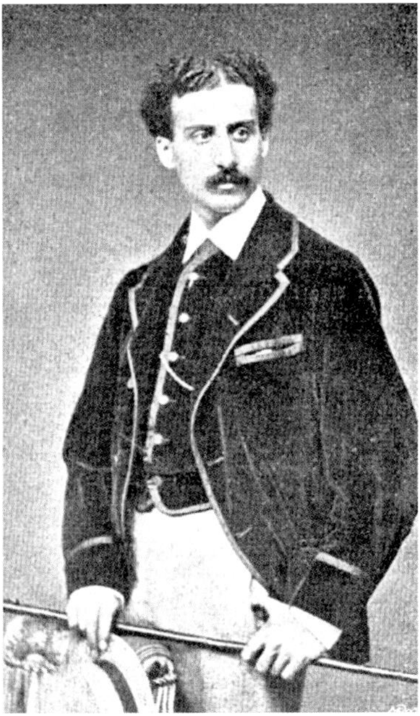

Max Liebermann als 25-Jähriger in Weimar, 1872

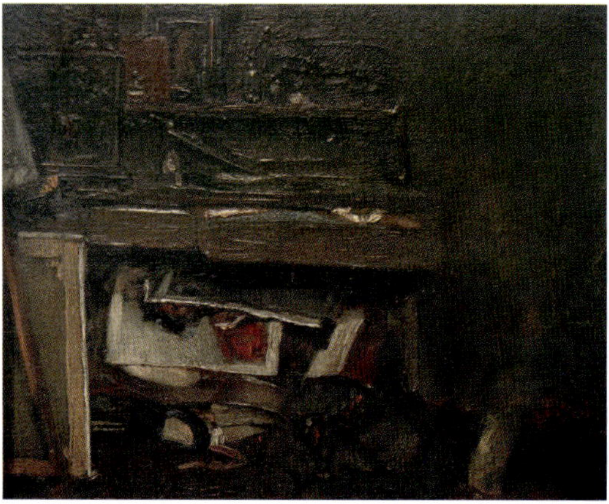

Atelierwinkel, 1871, Öl auf Holz, 20,2 × 24 cm, Kunsthalle Bremen

nach Weimar zurück, sondern nutzt die Gelegenheit, erstmals das nahe gelegene Holland zu besuchen, das so viele Maler wegen seiner Landschaft und seiner künstlerischen Tradition schätzen. Er fährt nach Amsterdam und Scheveningen und kehrt nach einigen Tagen erfüllt von lebhaften Eindrücken nach Weimar zurück.

DIE GÄNSERUPFERINNEN

Munkácsys Bild regt Liebermann zu seinem ersten eigenständigen Gemälde an. *Die Gänserupferinnen* entsteht 1872 in Weimar und hat ebenfalls eine bäuerliche Arbeitsszene zum Gegenstand. Das Bild zeigt von der Arbeit gebeugte Frauen, die Gänsen die Federn ausrupfen. Es ist ein für die Zeit unerhörtes Motiv, das Liebermann noch dazu in einem Format malt, das damals großen historischen Ereignissen oder biblischen Themen vorbehalten ist. Statt mit einer Marienszene oder einer denkwürdigen Begebenheit aus der Geschichte werden die Betrachter nun mit einer

> **Mein Bild ist allerdings noch nicht über den Berg, denn da das Sujet gedanklich gleich Null ist und alles der Malerei untergeordnet, so kann ich mich da nur auf mein gutes Gewissen verlassen.**
>
> Max Liebermann an seinen Bruder Felix, Weimar, 2. Februar 1872

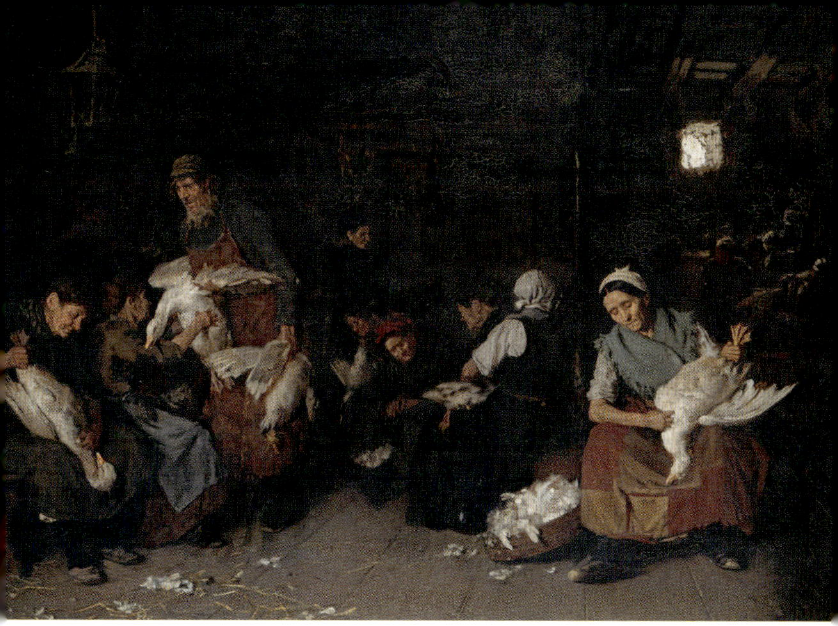

Die Gänserupferinnen, 1872, Öl auf Leinwand, 118 × 172 cm, Nationalgalerie Berlin

Gruppe alter Bäuerinnen konfrontiert, die in einem unwirtlichen dunklen Raum sitzen und einer niederen Tätigkeit nachgehen. Die Tiere auf dem Schoß, sind sie dabei, mit ihren kräftigen Händen das weiße Federkleid zu entfernen. Den angespannten Muskeln der entblößten Arme und dem Gesichtsausdruck sieht man die Anstrengung an, die diese Arbeit kostet. Ein bärtiger Mann mit Schürze trägt weitere Tiere herbei, und so wird deutlich, dass es sich bei der Tätigkeit der Frauen um die stupide Wiederholung ein und desselben Ablaufs handelt – Arbeit in einem vorindustriellen Betrieb. Die Darstellung ist in dunklen Brauntönen gehalten, aus denen nur das Weiß der Federn und der schlichten Blusen und Kopftücher der Arbeiterinnen hervorleuchtet.

Ein solches Bild muss Aufsehen erregen, denn die Darstellung des harten Arbeitsalltags der unteren Gesellschaftsschicht gilt im Denken der Zeit als nicht bildwürdig und damit als Affront gegen den guten Geschmack. Zu eng sind die Vorstellungen vom Guten, Schönen und Wahren, die man nach damaligem Verständnis in einem Kunstwerk manifestiert sehen will, mit klassischen Proportionen, einem ebenmäßigen Erscheinungsbild und der Wiedergabe eines durch den Bildungskanon geadelten Motivs verknüpft. Die Kunst soll den Betrachter durch das Sujet über die Mühen des Alltags erheben und moralische bzw. ästhetische Ideale zur Anschauung bringen. All dem verweigert sich Liebermanns Gemälde. Entsprechend gnadenlos ist die zeitgenössische Kunstkritik. Sie stempelt das Bild als „Armeleutemalerei" ab, und den Künstler beschimpft sie als „Apostel der Hässlichkeit". Er sei, so das Urteil, „ein gnadenloser Realist [...] aber ohne künstlerische Empfindung, der durch seinen fanatischen Kultus des Hässlichen und Schmutzigen mehr Entsetzen als Erstaunen erregt." Trotz der Vielzahl gehässiger Kritiken übertrifft der Erfolg des Bildes Liebermanns kühnste Hoffnungen, denn es macht ihn auf einen Schlag bekannt – und verkaufen kann er es auch.

> **Liebermann's *Gänserupferinnen*, ein Gemälde, worin die abschreckendste Hässlichkeit in unverhüllter Abscheulichkeit thront.**
>
> *Zeitschrift für bildende Kunst*, 1872

LOB AUS BERUFENEM MUNDE

Die Galerie Lepke in Berlin zahlt 1000 Taler für *Die Gänserupferinnen* und verkauft das Bild noch im selben Jahr an den bekannten Eisenbahnmillionär Bethel Strousberg. In der Galerie Lepke sieht es der Berliner Maler Adolph Menzel, der ein großes Vorbild für Max Liebermann ist. Der Professor der Königlichen Akademie der Künste findet das Werk so bemerkenswert, dass er darum bittet, dessen Maler zu ihm zu schicken. Liebermann, hocherfreut über das Interesse des mit Medaillen und dem Orden Pour le Mérite für Wissenschaft und Kunst ausgezeichneten Künstlers, lässt sich nicht lange bitten. Er besucht Menzel in dessen Atelier in der Potsdamer Straße 7 und will aus seinem Munde hören, was er von dem Werk hält. Liebermann hat später wiederholt berichtet, wie der damals 57-jährige Meister die Tür öffnete und ihn mit strengem Blick fragte: „Was wollen Sie? Wer sind Sie?" Als Liebermann sich als der Maler der *Gänserupferinnen* zu erkennen gibt, herrschte Menzel ihn an: „Wissen Sie, was ich Ihnen sagen muss? Ihr Vater sollte Ihnen die Hosen vollklopfen von wegen des Bildes, denn so etwas malt man mit 50 Jahren, nicht aber in Ihrem Alter!" Es ist wohl die typische Berliner Art, ein Kompliment zu formulieren.

Louis Liebermann verfolgt die öffentliche Berichterstattung über die *Gänserupferinnen* ebenso wie über die folgenden Ausstellungsbeteiligungen seines Sohnes aufmerksam und sammelt Zeitungskritiken. Dennoch bleibt er skeptisch und misstraut den ersten Erfolgen. Die „Hässlichkeit" seiner Bildmotive, die in den Zeitungen so häufig getadelt wird, beleidigt ohne Zweifel auch seinen gutbürgerlichen Geschmack. Die Tatsache aber, dass sein Name genannt und seine Bilder verkauft werden, stimmt ihn versöhnlich. Der Ankauf der *Gänserupferinnen* durch Bethel Strousberg, einem erfolgreichen Berliner Unternehmer, scheint dem Vater doch mehr zu imponieren als er zugeben kann. Jedenfalls kauft Louis Liebermann das Bild, als das Unternehmen Strousberg 1875 in wirtschaftliche Schwierigkeiten gerät, aus der Konkursmasse, um es schließlich in seinem Testament der Nationalgalerie zu vermachen. Vermutlich hofft er, auf diese Weise sicherzustellen, dass wenigstens ein Bild seines Sohnes in das königliche Museum gelangt.

DIE ERSTE PARISREISE

Von dem Erlös der Gänserupferinnen unternimmt Liebermann 1872 seine erste Reise nach Paris. Die Stadt ist das Zentrum der avantgardistischen Malerei des 19. Jahrhunderts und der Pariser Salon – die jährliche offizielle Ausstellung – ihr Schaufenster. Leider ist über diesen Ausflug in die französische Hauptstadt, den Liebermann mit einem zweiwöchigen Aufenthalt in den Niederlanden verknüpft, kaum etwas bekannt. Ob der Künstler noch rechtzeitig ankommt, um den am 1. Mai eröffneten Salon de Paris 1872 zu besuchen, wissen wir nicht. Hier sind Landschaftsbilder der französischen Realisten Camille Corot und Charles-François Daubigny zu sehen. Sie gehören zur sogenannten Schule von Barbizon, die mit ihrer Freiluftmalerei und der Darstellung von Szenen des bäuerlichen Alltags zu den bahnbrechenden Erneuerern der Landschaftsmalerei wurden. Liebermann hat schon einiges von dieser Schule gehört und sicher bei den einschlägigen Berliner Kunsthändlern Louis Sachse oder Lepke das eine oder andere neue Landschaftsbild gesehen. Seine Bewunderung für diese Künstler ist groß. Auch sein Akademieprofessor Theodor Hagen, der wenige Jahre zuvor selbst in Barbizon gewesen ist, wird ihm von diesem berühmten Ort erzählt haben. Die Eindrücke, die der 25-jährige Liebermann in Frankreich empfängt, und sein Interesse für die neue Freilichtmalerei sind jedenfalls so stark, dass er sich nach dem Ende seines Akademiestudiums in Weimar im November 1873 entschließt, für längere Zeit nach Paris zu gehen.

Liebermann in Paris

EINE SCHLECHTE ZEIT FÜR KONTAKTE

Es ist eine ungünstige Zeit, um nach Paris zu gehen. Die Niederlage Frankreichs im Deutsch-Französischen Krieg liegt gerade einmal zwei Jahre zurück, und der auch unter französischen Künstlern verbreitete Hass auf alles Deutsche macht es Liebermann fast unmöglich, persönliche Kontakte zu französischen Kollegen zu knüpfen – und wenn er noch so gut Französisch spricht. Doch sein Entschluss steht fest: Er will die Landschafts- und **Genrebilder*** der jungen französischen Maler studieren und Barbizon kennenlernen. Liebermann lässt sich Anfang Dezember 1873 auf dem Montmartre nieder, wo überwiegend die bereits arrivierten Künstler wohnen. Seine Atelierwohnung in der Rue de la Rochefoucauld 46 liegt mitten in dem lebhaften Café- und Geschäftsviertel. Im Unterschied zu anderen jungen Künstlern, die nach Paris kommen, schreibt er sich nicht an einer der zahlreichen, aufgrund ihres fortschrittlichen Unterrichts geschätzten Privatakade-

> Nun hielt ich mich – Ende 1873 – für reif genug, nach Paris überzusiedeln. Munkácsy zog mich mächtig an, aber noch mehr taten es die Troyon, Daubigny, Corot, vor allem Millet, und die Schwärmerei für letzteren, den ich für den epochemachendsten Maler halte, bin ich bis heute treu geblieben.

Max Liebermann, Autobiografisches Essay,
Allgemeine Zeitung des Judentums, 1910

* **GENREBILDER** *sind die Darstellung von Alltagsszenen in der Malerei.*

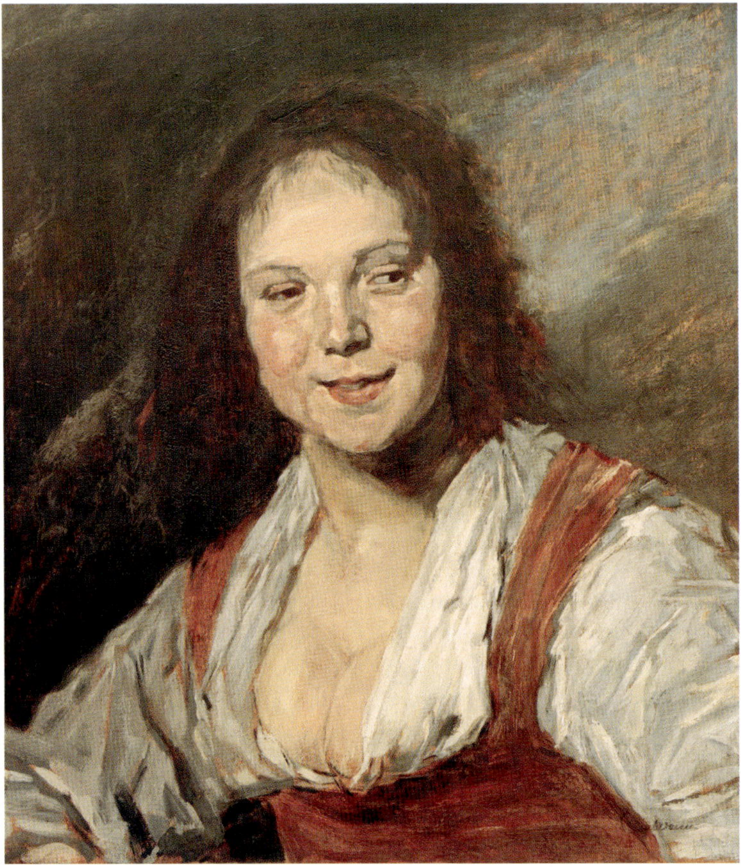

Kopie der „Bohémienne" von Frans Hals, 1873, Öl auf Holz, 53 × 47 cm, Privatbesitz

mien ein. Er beschäftigt sich vielmehr damit, Ölstudien, die er aus Weimar mitgebracht hat, weiter auszuarbeiten und fertigzustellen. Im Louvre kopiert er die verehrten Meisterwerke der niederländischen Kunst des 17. Jahrhunderts, darunter Frans Hals' *La Bohémienne*. Motive für seine eigene Art der Malerei kann er in Paris allerdings kaum finden. Nur eine einzige Studie entsteht, in der Liebermann das bunte Treiben in dem nahe gelegenen Vergnügungslokal Folies Bergère festhält. Das heute verschollene Bild zeigte Damen und Herren in Abendgarderobe im Foyer des beliebten Varietétheaters, in dem auch viele Künstler auftreten oder zu Gast sind. So auch der Maler Édouard Manet, der 1882 in seinem berühmten Gemälde *Un bar aux Folies-Bergère* eine Bardame des Etablissements darstellt.

„BRAVO, BRAVISSIMO!"

Liebermanns Ölstudie aus den Folies Bergère ist schließlich Anlass für einen bemerkenswerten, wenn auch nur indirekten Kontakt zu einem der geschätzten französischen Kollegen. Behilflich ist hierbei Graf Loudovic-Napoléon Lepic, ein Nachbar in der Rue de la Rochefoucauld. Lepic gefällt Liebermanns Kunst, und er äußert sich auch französischen Kollegen gegenüber anerkennend darüber, unter ihnen offenbar der befreundete Landschaftsmaler Camille Corot, der zu den Pionieren der Pleinair- oder Freiluftmalerei gehört. Eines Tages, als Liebermann nicht im Haus ist, führt Lepic Corot sogar in dessen Atelier. Als der hochbetagte Meister die kleine Skizze sieht, ist er so beeindruckt, dass er die ermunternden Worte „Bravo, bravissimo!" daraufkritzelt.

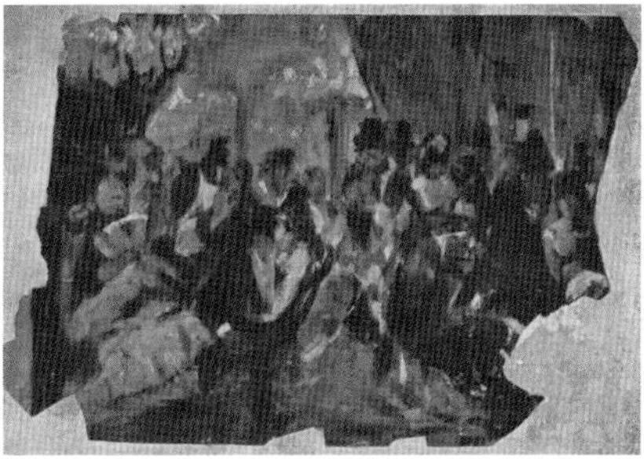

Skizze „Folies Bergère", 1873, Maße und Technik unbekannt

So schwierig es auch ist, mit französischen Künstlern in Kontakt zu kommen: Über mangelnde Anerkennung kann sich der junge Liebermann nicht beklagen. Selbst als Neuling gelingt es ihm fast jedes Jahr, ein oder zwei Bilder im Salon unterzubringen. 1874 sind das die *Gänserupferinnen,* mit denen er schon in Deutschland erfolgreich gewesen ist und die er sich für seinen ersten Pariser „Auftritt" von Bethel Strousberg aus Berlin leiht. Es gilt für einen jungen Künstler bereits als Erfolg, überhaupt von der Jury für den Salon ausgewählt zu werden. Umso größer ist

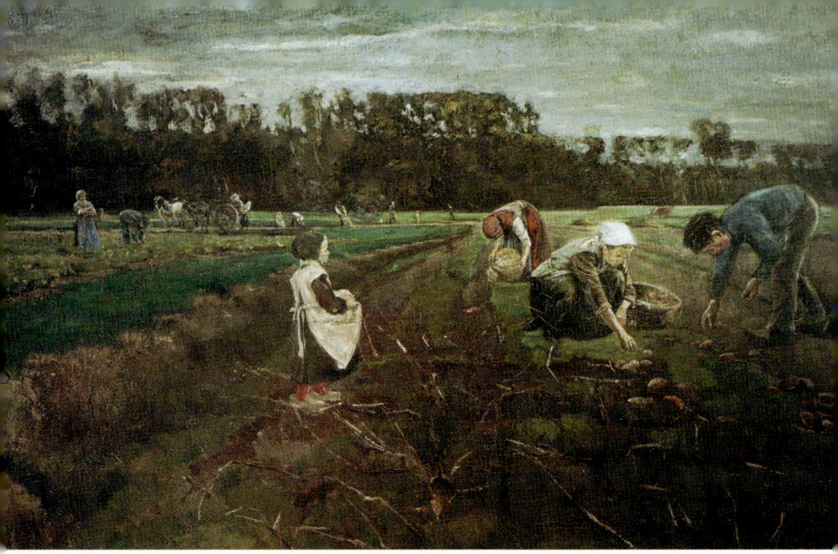

Kartoffelernte in Barbizon, 1874, Öl auf Leinwand, 108,5 × 172 cm, Kunstpalast Düsseldorf

daher die Ehre für Liebermann, dass sein Werk sogar „auf der Rampe" präsentiert wird, das heißt in der untersten Reihe. Denn bei über 1800 Gemälden, die in den Ausstellungshallen in vier Reihen übereinandergehängt werden, ist diese Position eine entscheidende Voraussetzung dafür, von den Besuchern und der Presse wahrgenommen zu werden – was ihm mit dem Bild auch gelingt. Von einer offiziellen Auszeichnung mit einer Medaille war Liebermann zu diesem Zeitpunkt allerdings noch weit entfernt.

AUF DEN SPUREN VON JEAN-FRANÇOIS MILLET

Den ersten Sommer in Frankreich verbringt Liebermann in Barbizon, das von Paris aus in eineinhalb Stunden mit der Eisenbahn zu erreichen ist. Er mietet sich im Gasthof Siron ein, fünf Häuser entfernt von Jean-François Millets Atelier an der Rue Grande. So gelingt es Liebermann sogar, Millet einmal von Ferne zu sehen, bevor der bewunderte Meister 1875 stirbt, und Liebermann wähnt sich im Nachhinein glücklich, noch rechtzeitig dagewesen zu sein. Auch wenn es aufgrund der tiefen politischen Gräben zwischen Franzosen und Deutschen zu keinem direkten Austausch kommen kann: Die durch

Millets Bilder europaweit bekannt gewordene spröde Landschaft mit ihren Pappeln und Weiden, ihren Wiesen und Feldern und den hart arbeitenden Bauern, diese Landschaft findet Liebermann in Barbizon vor. Deshalb beginnt er die Umgebung des weltbekannten Künstlerortes zu erkunden. Hier entstehen unter anderem die Studien für das Gemälde *Kartoffelernte in Barbizon*. Das großformatige Bild zeigt einen Acker, auf dem Bauern, in Gruppen oder einzeln, in gebückter Haltung Kartoffeln aus der Erde graben. Die auf den Hintergrund zulaufenden Ackerfurchen verleihen dem Bildraum Tiefe, der nach hinten durch das dunkle Grün des Waldes geschlossen wird. Links vor den ersten Bäumen ist ein Pferdefuhrwerk zu sehen, mit dem Erntesäcke abtransportiert werden. Die Darstellung der bäuerlichen Arbeit ist realistisch, aber im Unterschied zu Millet ohne großes Pathos. Liebermann zeigt die verschiedenen Abschnitte des Arbeitsvorgangs: das Graben und Sammeln, das Anheben des Korbes und Befüllen der Kartoffelsäcke, das Aufladen auf den Karren und das kurze Ausruhen. Er macht durchaus die mit der Tätigkeit verbundene Mühe erkennbar, doch ohne soziale Anklage und religiöse Überhöhung, wie man sie bei Millet häufig findet. Im Frühjahr 1875 kommt Liebermann ein zweites Mal nach Barbizon. Doch er findet hier letztlich nicht mehr die Inspiration, die er sucht. Neben der *Kartoffelernte in Barbizon* hat sich nur ein weiteres Gemälde erhalten, *Bauernhof in Barbizon*, das eindeutig auf die Begegnung mit dem legendären Ort zurückzuführen ist. Vielleicht liegt es daran, dass sich das alte Barbizon überlebt und schon in den letzten Lebensjahren Millets stark verändert hat. Durch die Eisenbahnlinie an Paris angebunden, ist der Ort bereits zu dieser Zeit von Künstlern und Touristen verschiedener Nationalitäten überlaufen und mehr Pilgerstätte als Ort des künstlerischen Aufbruchs. Das erlebt vermutlich auch Liebermann so. Viel bedeutender für seine künstlerische Entwicklung wird daher Holland, das er später stets als seine „Malheimat" bezeichnet.

Folgende Doppelseite: **Bauernhof in Barbizon**, 1874, Öl auf Leinwand, 75 × 87 cm, Privatbesitz

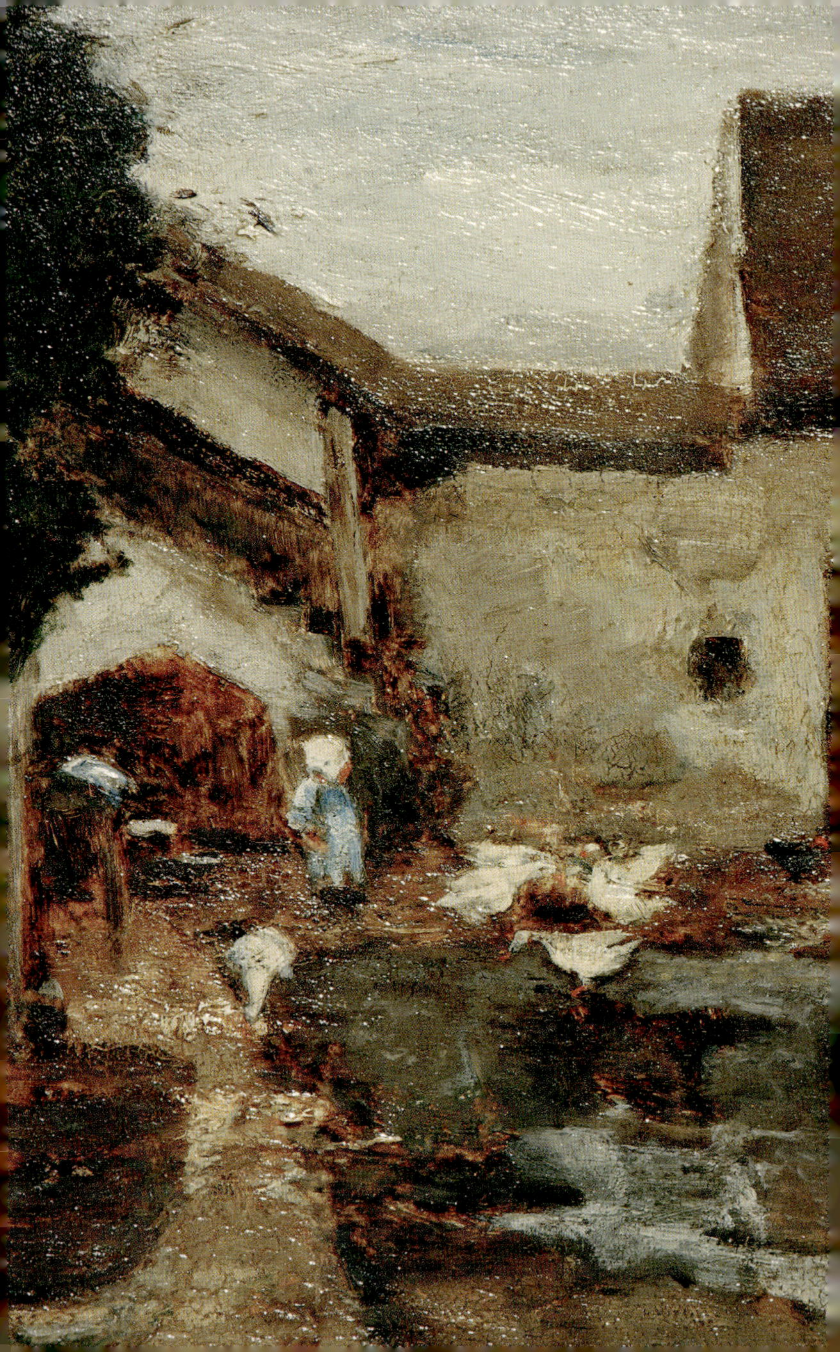

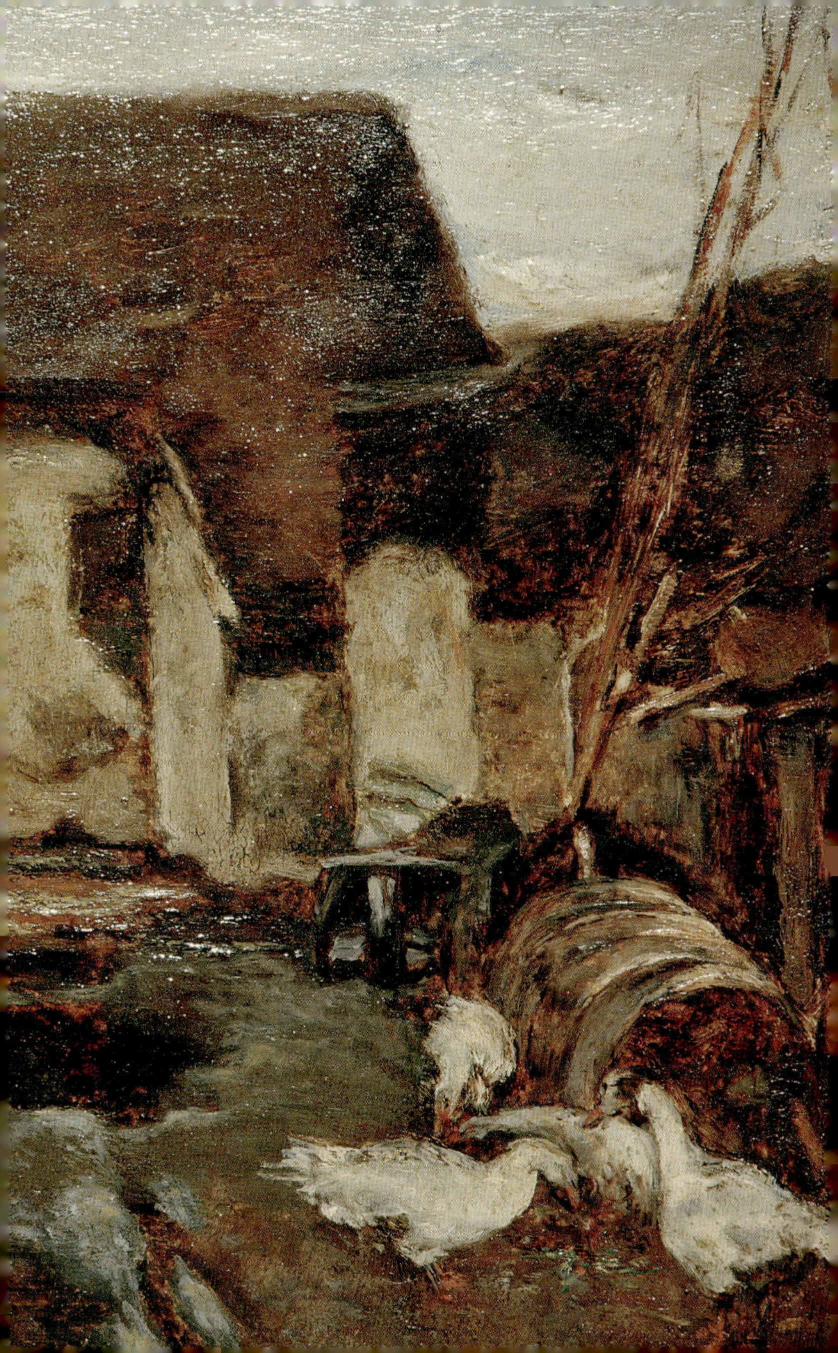

„Malheimat" Holland

EIN KURZBESUCH MIT FOLGEN

Liebermanns erste Begegnung mit den Niederlanden hat bereits zwei Jahre vor seiner Übersiedelung nach Paris stattgefunden, nachdem er 1871 gemeinsam mit seinem Lehrer Theodor Hagen den ungarischen Maler Munkácsy in Düsseldorf besucht hatte. Es hat eine gewisse historische Logik, dass er sich von Düsseldorf nach Holland aufmacht, denn seit Ende der 1830er-Jahre sind viele Landschaftsmaler der Düsseldorfer Akademie zu Studien in das Land an der Nordsee aufgebrochen. Wie vor ihm Andreas Achenbach, German Grobe oder Eugen Dückers steuert auch Liebermann Amsterdam an, wo er nachweislich das Rembrandt-Haus besucht, und macht einen Abstecher nach Scheveningen. Dieser Kurzbesuch ist so anregend für ihn, dass er im folgenden Jahr in Gesellschaft des Malers Ernst Tepper für einen achtwöchigen Studienaufenthalt in das Land Rembrandts und Frans Hals' zurückkehrt.

Morgens schon um 4 Uhr, manchmal noch früher, wird man durch Hühner, Schafe, Kühe aus dem süßesten Schlaf geweckt.

Liebermann an seine Schwester Anna, Sommer 1882

Seine erste Station im Jahr 1872 ist Scheveningen, wo die beiden Fassungen der *Lotsenstube* entstehen. Aus Amsterdam bringt er vorbereitende Studien für die **Komposition*** der *Konservenmacherinnen* mit. Die Begegnung mit Landschaft und Malerei der Niederlande ist für Liebermann so prägend, dass ihn weder seine Übersiedelung nach Paris noch seine beiden Besuche in Barbizon, die vielfältige künstlerische Eindrücke für den jungen Maler bereithalten, auf andere Gedanken bringen können. Die Kunst Frankreichs und ihre Themen, die bis heute als Maßstab der

* **KOMPOSITION** *bezeichnet den Aufbau einer künstlerischen Arbeit, durch den alle in das Werk eingehenden Elemente zueinander in Beziehung gesetzt werden.*

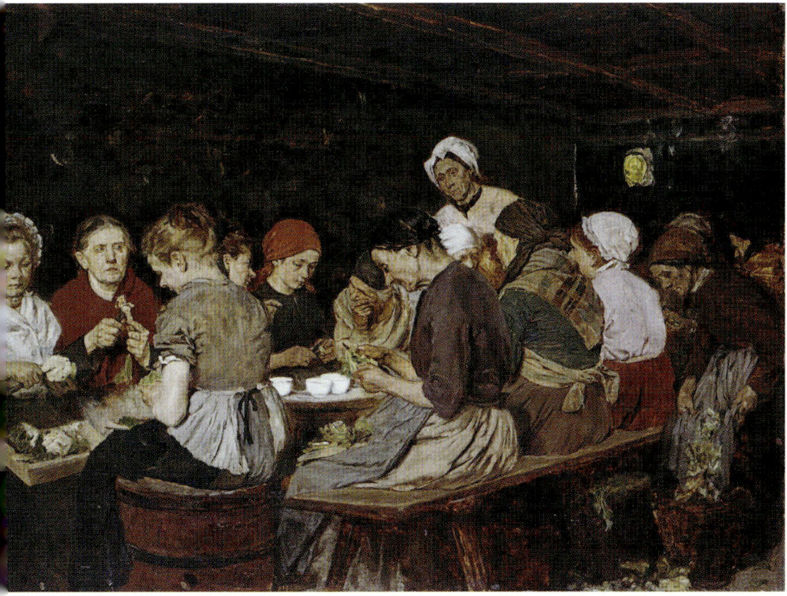

Die Konservenmacherinnen, 1880, Öl auf Holz, 49 × 65,3 cm, Museum der bildenden Künste Leipzig

In der Lotsenstube, 1872, Öl auf Leinwand, 60 × 48 cm, Städtische Kunsthalle Mannheim

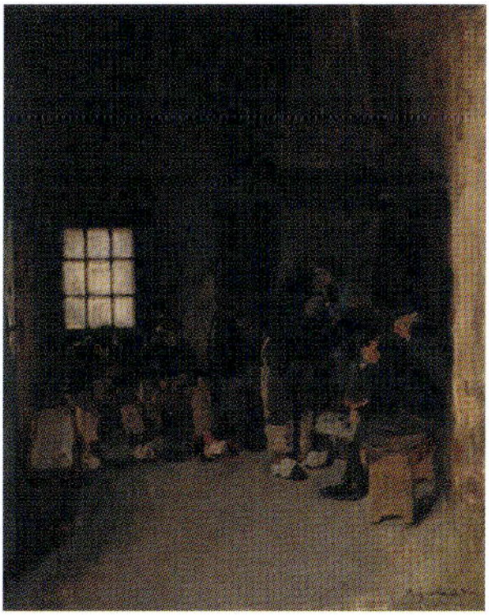

Malerei des 19. Jahrhunderts gelten, haben dem jungen Künstler ungeachtet des Einflusses durch Millet letztlich nicht viel zu sagen. Jedenfalls bricht er gleich nach seinem zweiten, deutlich kürzeren Aufenthalt in Barbizon im Sommer 1875 wieder nach Holland auf, wo er von nun an fast jeden Sommer verbringt. Der leuchtende Stern Millet verblasst. Die alten Meister Rembrandt und Frans Hals dagegen, die Liebermann in Amsterdam und Haarlem studiert, und die Motive in Scheveningen und Zandvoort sind so stark, dass sie ihn zu den wichtigen Werken seiner frühen Schaffensphase anregen und dazu beflügeln, einen eigenen Stil zu entwickeln.

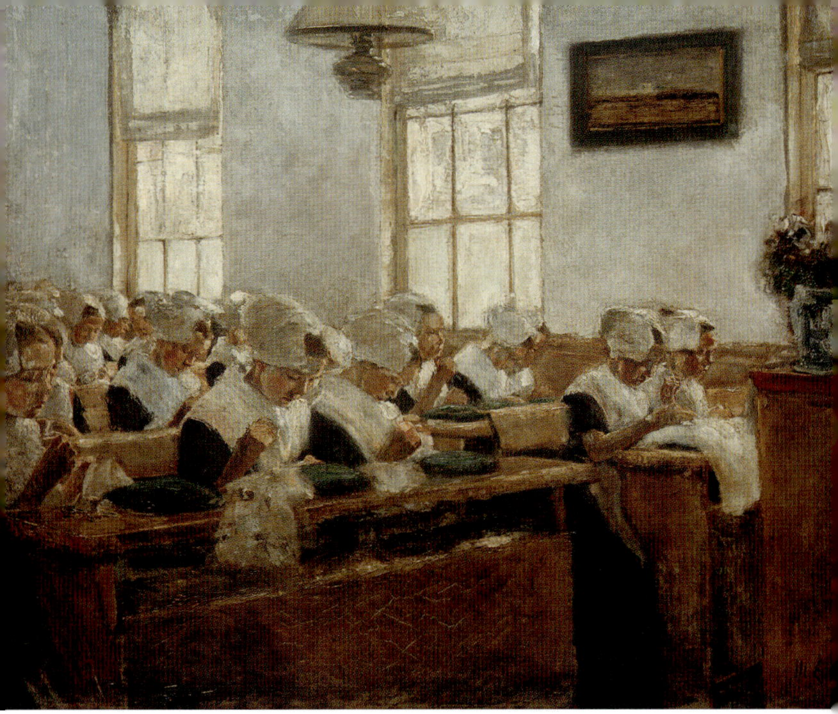

Nähschule (Arbeitssaal), im Amsterdamer Waisenhaus – 2. Fassung, 1876/77, Öl auf Holz, 64,5 × 81 cm, Von der Heydt-Museum Wuppertal

NÄHSCHULE IN AMSTERDAM

In Liebermanns Pariser Atelier stehen überwiegend Gemälde mit holländischen Motiven auf der Staffelei: Amsterdamer Gassen mit ihren schmalen Giebelhäusern, Einblicke in Hauseingänge oder gartenähnliche Höfe, nicht selten mit Personengruppen, so etwa der Innenhof des Amsterdamer Waisenhauses, in dem die Zöglinge der städtischen Einrichtung gerade eine Freistunde verbringen. Die Mädchen in ihrer malerischen rot-schwarzen Tracht mit weißen Hauben werden schon in frühesten Reiseführern erwähnt. Liebermann ist einer der ersten Künstler, die eine Erlaubnis erhalten, sie im Innenhof des Waisenhauses zu malen. Auch zu den Klassenzimmern gewährt man ihm Zutritt, wo er das Motiv für sein Gemälde *Nähschule in Amsterdam* findet, das er 1876 in Paris vollendet. Das Bild zeigt einen kargen Unterrichtsraum. An Schulpulten sitzen Mädchen, die konzentriert

> **Max Liebermann ist ein Deutscher, der sich in Holland zum Maler gebildet und dabei in den Zauber des einzigartigen Lichts dieses Landes verliebt hat.**
>
> Paul Mantz, Kritiker der Genfer Tageszeitung *Le Temps*, 1881

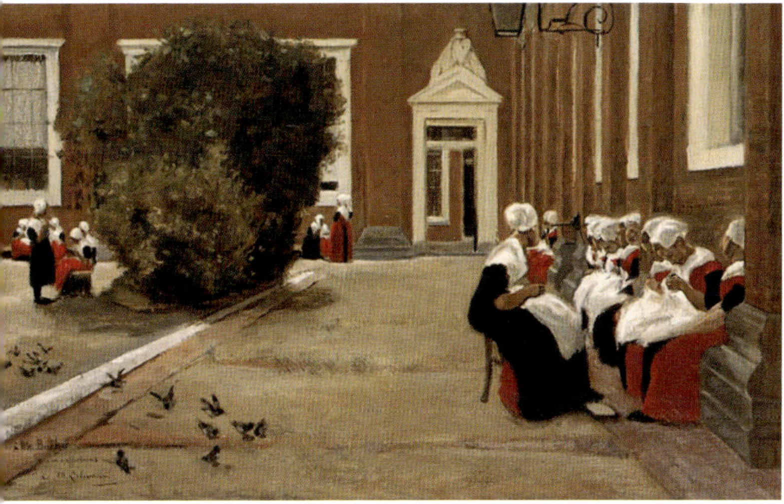

Studie zur „Feierstunde im Amsterdamer Waisenhaus". Ansicht des Innenhofes, 1876, Öl auf Leinwand, 64,5 × 88 cm, Staatliche Museen zu Berlin, Nationalgalerie

mit Näharbeiten beschäftigt sind. Durch die großen Sprossenfenster im Hintergrund fällt das Sonnenlicht ein, dessen Reflexe auf den Kopfbedeckungen der Mädchen der Szene eine ganz besondere Lebendigkeit verleihen und das Uniforme ihrer Erscheinung aufbrechen. Schon hier sind Ansätze jener atmosphärischen Lichtstimmungen zu erkennen, für die Liebermann zu Beginn der 1880er-Jahre von der französischen Presse gefeiert wird. Zusammen mit August Allebé, dem späteren Direktor der Amsterdamer Kunstakademie, streift er durch das jüdische Viertel der Stadt, in dem bereits Rembrandt seine Modelle fand, und malt unter anderem eine Interieurstudie der Portugiesischen Synagoge.

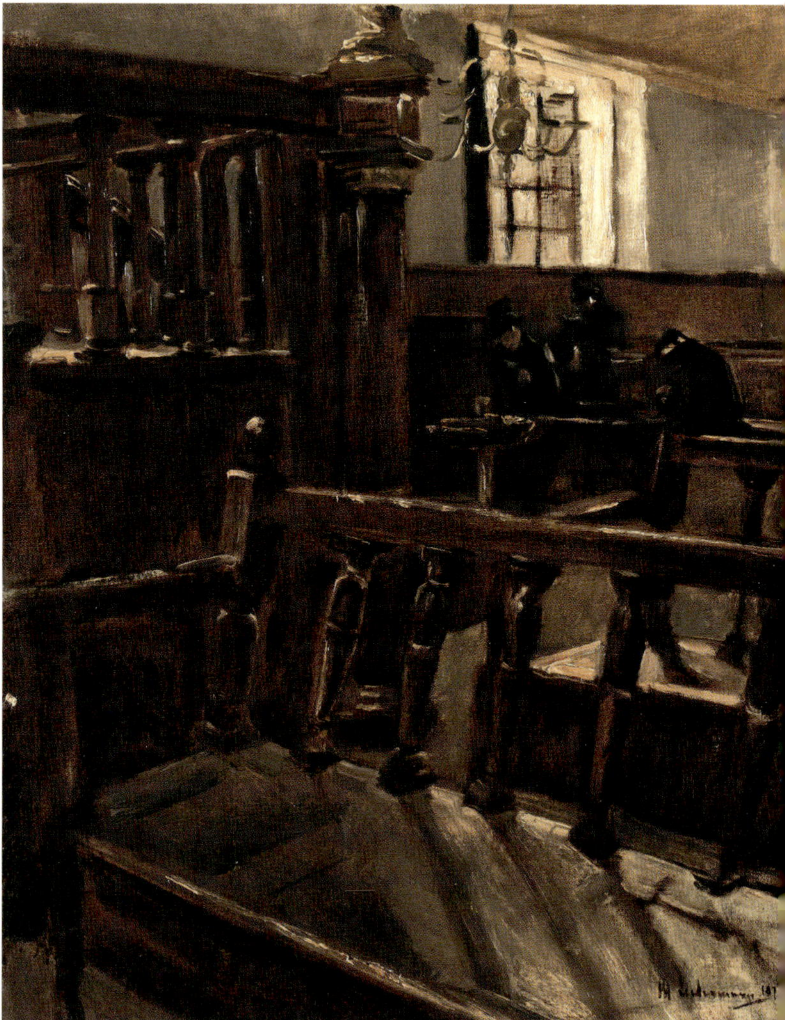

Inneres der Synagoge von Amsterdam, 1876, Öl auf Leinwand, 58 × 46 cm, Privatbesitz

Ich möchte fast glauben, dass Ruysdal und Hobbema hier Studien gemacht haben.

Max Liebermann an seinen Bruder Felix, 17. Juli 1882

FASZINATION HOLLAND

Die niederländische Malerei des 17. Jahrhunderts wird zu Liebermanns Zeit in Deutschland von Künstlern und Kunsthistorikern wiederentdeckt. Maler wie Frans Hals und Rembrandt sind wegen ihres Naturalismus und ihrer Alla-prima-Malerei, also dem Malen ohne Vorzeichnung, hoch geschätzt. Insbesondere für Künstler wie Liebermann, die gegen die von den Akademien gelehrte klassizistische Maltradition opponieren und eine moderne, naturalistische Malerei vertreten, entdecken in der niederländischen Malerei Vorbilder und Bestätigung für ihre eigenen künstlerischen Intentionen. Liebermann geht so weit, die Kunst von Frans Hals als frühe Form des Impressionismus zu bezeichnen, da der pastose Pinselstrich dieses Meisters von dem uralten Streben geprägt sei, „Leben im Bild in feste Formen zu bannen".

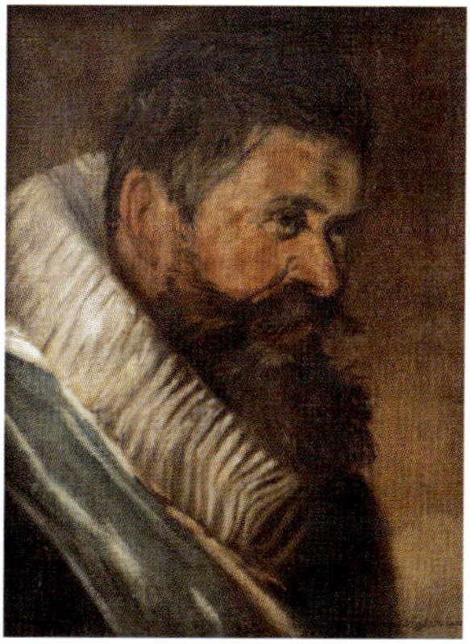

Kopf eines der „St. Adriansschützen" aus dem Jahr 1627, Kopie nach Frans Hals, 1876, Öl auf Leinwand, 35 × 25,5 cm, Max-Liebermann-Gesellschaft Berlin

Schon Wilhelm von Bode, der spätere Direktor des Kaiser-Friedrich-Museums in Berlin (heute Bode-Museum), hatte in seiner 1870 veröffentlichten Dissertation über Frans Hals und seine Schule den besonderen Realismus der niederländischen Malerei herausgearbeitet und die „unmittelbare Darstellung von Natur" gelobt. In seinen Ausführungen über Jacob van Ruisdael und Meindert Hobbema, denen er einen Platz unter den größten Meistern einräumt, spricht er von einem „ehrlichen und gesunden Naturalismus" und einer „realistischen Landschaftsmalerei",

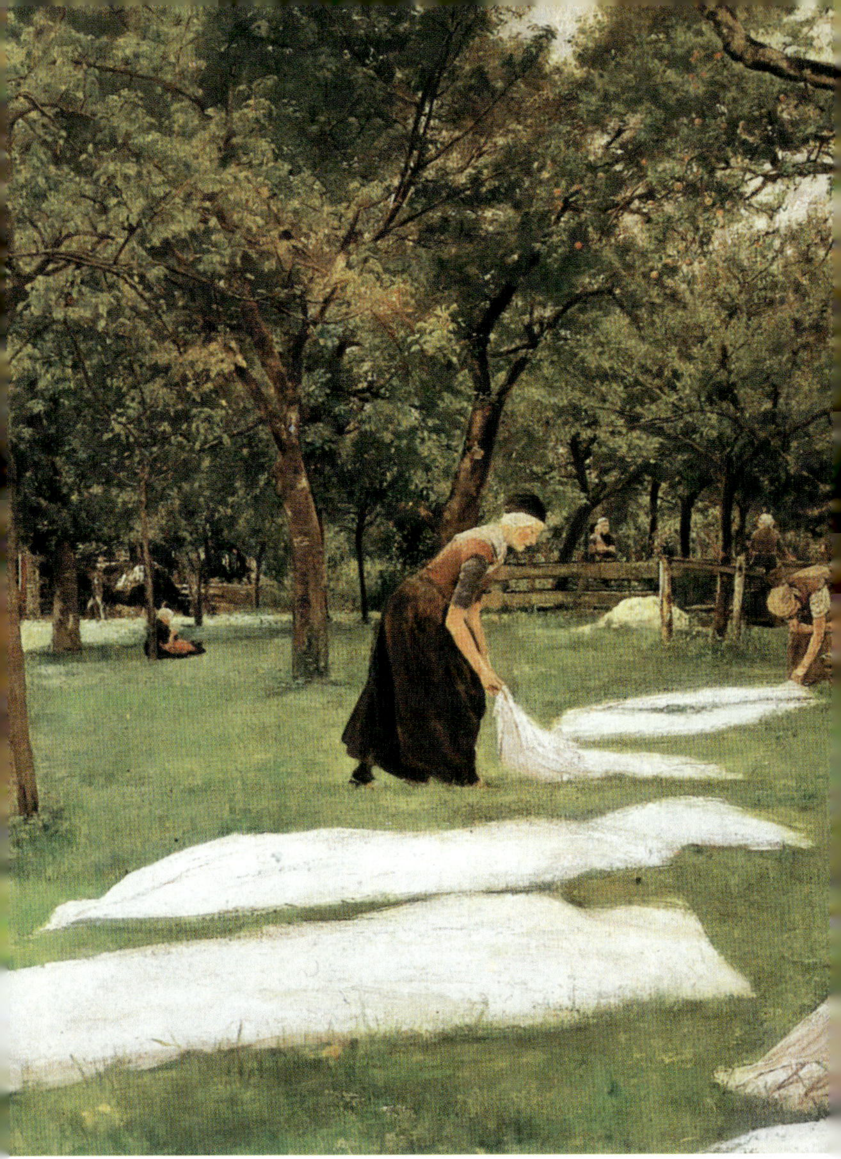

Die große Bleiche – Die Rasenbleiche, 1883, Öl auf Leinwand, 109 × 173 cm, Öl auf Leinwand, Wallraf-Richartz-Museum, Köln

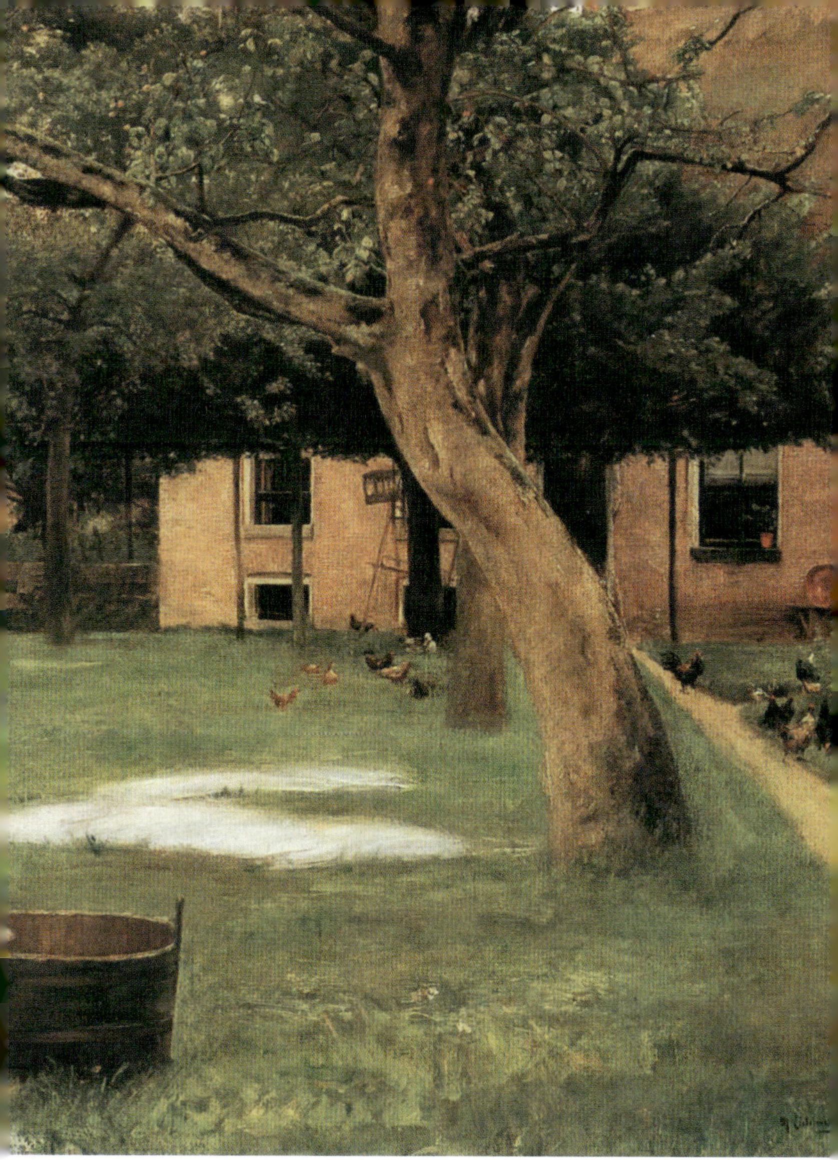

in der „Werktagsstimmung“ herrsche, ohne Effekthascherei. Unter diesem Gesichtspunkt werden Ruisdael und Hobbema auch von Künstlern wie Liebermann neu wahrgenommen. Dabei hat die Begeisterung immer auch eine politische Dimension, denn den niederländischen Naturalismus des 17. Jahrhunderts, insbesondere die berühmten Schützenstücke von Frans Hals, interpretiert Bode als Ausdruck des bürgerlichen Freiheitskampfes und der liberalen Haltung des niederländischen Gemeinwesens.

HEIMATLAND DES REALISMUS

Auf diese Weise werden die Niederlande für die jungen deutschen Maler des 19. Jahrhunderts zum Heimatland des Realismus. Auf den Spuren ihrer Vorbilder bereisen sie das Land der Grachten und suchen nach künstlerischer Inspiration. Dabei nehmen die Studienreisenden Land und Leute stets durch die Brille der alten Meister wahr und entdeckten überall vertraute Motive. Liebermann etwa fühlt sich in dem Dorf Zweeloo, in dem er 1882 unter anderem das große Gemälde *Die Rasenbleiche* malt, um Jahrhunderte zurückversetzt: „Ich möchte fast glauben, dass Ruysdael und Hobbema hier Studien gemacht haben. Jedenfalls ist der Charakter ihrer Bilder der hiesigen Gegend entnommen und inzwischen hat sich nichts geändert. Die Häuser stehen

Mutter mit Kind, 1877/78, Öl auf Leinwand, 72 × 59 cm, Museum Oskar Reinhart, Winterthur

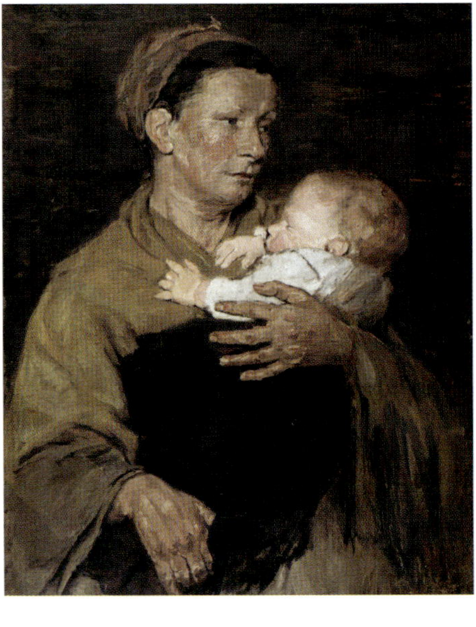

seit 250 bis 300 Jahren. Wohnungen und Küche sind eins, in denen die Schweine, die jeder Bauer in jedem Jahr schlachtet, geräuchert werden."

Es war ein verregneter Sommer und Liebermann lief in Holzschuhen und einem blauen Kittel umher. Als wir ihn zum ersten Mal sahen, hielten wir ihn für einen Viehhändler.

Helmuth Liesegang, *Erinnerungen an Max Liebermann, Kunst und Künstler*, 1929

Viele dieser Motive sind zu Liebermanns Zeit auch deshalb noch zu finden, weil die niederländische Wirtschaft im 19. Jahrhundert gegenüber der deutschen deutlich im Hintertreffen ist. Während in Deutschland und auch in der Umgebung von Paris die Industrialisierung zunehmend die ländlichen Regionen verändert, ist in den abgelegenen Gegenden wie Brabant oder Drenthe das durch die Malerei der Altvorderen geadelte Holland noch lebendig: Frauen mit weißen Hauben, Männer mit Holzschuhen und die alten Katen mit ihren mächtigen reetgedeckten Dächern.

Mit der *Nähschule in Amsterdam* und dem Gemälde *Klatschgeschichten*, aus dem Liebermann später das Bild *Mutter und Kind* herausschneidet, beteiligt er sich 1877 am Pariser Salon. *Klatschgeschichten* gewinnt die Aufmerksamkeit des Kritikers Edmond Duranty, der das Werk als „äußerst bemerkenswert" und „kraftvoll" lobt, das Kolorit allerdings als „schmutzig" bezeichnet. In Berlin, wo Liebermann die *Klatschgeschichten* noch im selben Jahr in der Kunstausstellung der Königlichen Akademie zeigen kann, fällt die Arbeit dagegen komplett durch. Die Kritiker monieren den „lebenswahren Schmutz" und titulieren Liebermann erneut als „Apostel der Hässlichkeit", eine Bezeichnung, die ihn in der Wahrnehmung durch die deutsche Kritik seit den *Gänserupferinnen* begleitet.

Ein Preuße in Bayern

KUNSTSTADT MÜNCHEN

Im Anschluss an seinen Aufenthalt in Paris übersiedelt Max Liebermann 1878 nach München. Der Maler Franz Lenbach, den er im August auf einer Venedigreise kennenlernt, hat ihm dazu geraten, nach München zu kommen, wenigstens für einen kurzen Besuch. Daraus werden fast sechs Jahre. München ist damals neben Paris ein bedeutendes Zentrum der Künste. Die Münchner Akademie unter der Leitung Wilhelm von Kaulbachs und seines Nachfolgers Karl Theodor von Piloty ist weltweit geachtet und gilt als führend in Deutschland. Doch es ist nicht die Historienmalerei Pilotys, die Liebermann nach München zieht, sondern die junge Münchner Kunst, die sich neben dem akademischen Betrieb etabliert. Nach dem Vorbild der Maler von Barbizon hat sich hier eine Gruppe von Künstlern gebildet, die ins Umland zieht, um direkt nach der Natur zu malen. Im 20 Kilometer nördlich von München gelegenen Dachau ist eine Künstlerkolonie entstanden, der Anfang der 1870er-Jahre auch die Maler Johann Sperl und Wilhelm Leibl angehören. Liebermann hat in Paris Leibls realistisches Porträt *Zwei Dachauerinnen* gesehen und war davon derart beeindruckt, dass er Leibl unbedingt kennenlernen will. Folgerichtig macht er sich im Jahr 1879 selbst nach Dachau auf und malt in dem in der Nähe gelegenen Ort Etzenhausen verschiedene ländliche Motive.

Hier ist Christus nicht der lehrende Gottessohn, sondern ein ungewaschenes, rothaariges Judenjüngelchen.

Max Nordau, Kunstkritiker, *Frankfurter Zeitung*, 1879

EIN REALISTISCHES HISTORIENBILD

Das Hauptwerk aus Liebermanns Münchner Zeit ist das Gemälde *Der zwölfjährige Jesus im Tempel,* sein erstes religiöses Bild, an dem er gleich nach seinem Umzug zu arbeiten begonnen hat. Die Bildidee geht ursprünglich auf das Jahr 1876 zurück, als Liebermann das Amsterdamer Judenviertel besucht und eine Innenansicht der dortigen Synagoge gemalt hat. Dieser unprätentiöse Raum mit hölzerner Bima

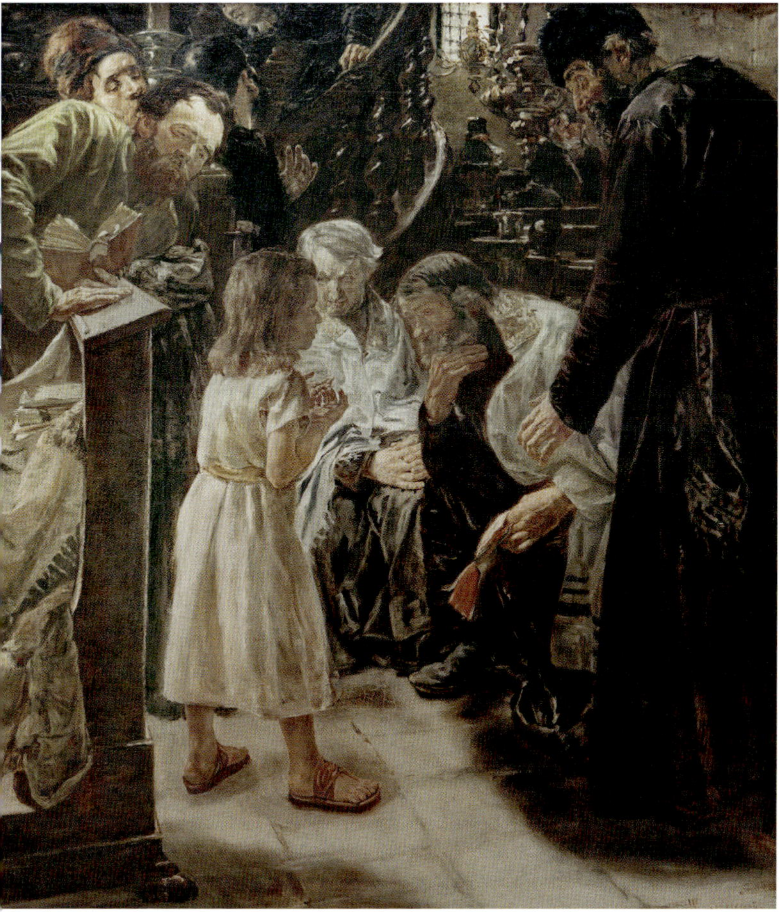

Der zwölfjährige Jesus im Tempel unter den Schriftgelehrten, 1879, Öl auf Leinwand, 149 × 130,6 cm, Hamburger Kunsthalle

(Kanzel) und dunklen Bankreihen bringt ihn auf den Gedanken, ihn zum Schauplatz jener biblischen Geschichte zu machen, die davon erzählt, wie der Jesusknabe den Gelehrten im Tempel die Heilige Schrift erklärt. Auch in Venedig hat er eine Interieurstudie der Synagoge angefertigt. Er setzt seine Vorbereitungen in München mit zahlreichen Figuren- und Kompositionsstudien fort, die zum Teil im

Atelier, zum Teil in Münchner Spitälern entstehen, wo er die passenden Modelle für die bärtigen Schriftgelehrten findet. Die Vorarbeiten sind vermutlich deshalb so umfangreich, weil Liebermann sich mit seinem Werk einiges vorgenommen hat: Er will eine neue Form des Historienbildes schaffen, in dem eine biblische Geschichte in der von ihm in Holland erprobten realistischen Bildsprache vorgetragen wird. Daher versetzt er die biblische Szene nicht in das Ambiente eines antiken Tempels, sondern für alle Betrachter erkennbar in eine Synagoge seiner Zeit. Auch die Figuren verortet er durch viele der Wirklichkeit entnommene Details in seiner eigenen Gegenwart: Die Schriftgelehrten kennzeichnet er durch den Tallit, den Gebetsschal, als religiöse Juden, während er den lebhaft gestikulierenden Jesus als jüdischen Knaben mit Schläfenlocken auftreten lässt. Ganz bewusst vermeidet er zeitlose, antikisierende Kostüme, wie sie in der Malerei damals üblich sind. Diese realistische Neuinterpretation der im 19. Jahrhundert häufig behandelten biblischen Geschichte löst in München einen ungeheuren Skandal aus.

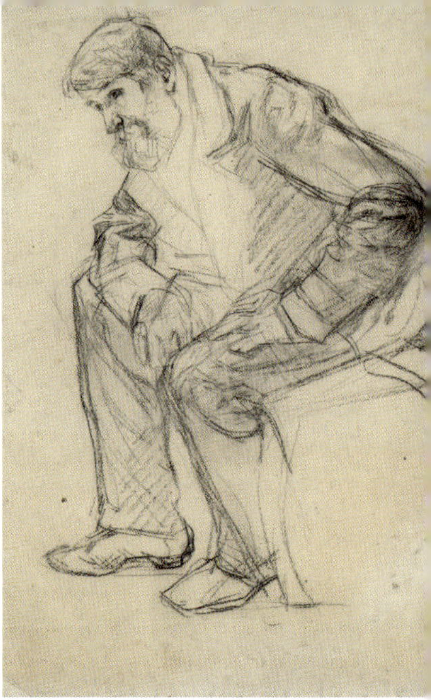

Vorstudie zu dem Jesus gegenübersitzenden Alten, 1878/79,Kreidezeichnung, 29,5 × 23,5 cm, Hamburger Kunsthalle, Kupferstichkabinett

DER JESUS-SKANDAL

Die Kritiker werfen Liebermann „Blasphemie“ und „Kränkung unseres religiösen Gefühls“ vor. Diese Reaktion hat der Künstler weder beabsichtigt noch erwartet. Da die Zeitgenossen die realistische Darstellungsweise als Angriff auf das Schöne und Wahre verstehen, wird sie, angewendet auf das höchste christliche Sujet, das Bild Christi,

> **Das Bild beleidigt nicht nur unser Gefühl, sondern auch unsere Nase, indem es alle möglichen widrigen Erinnerungen hervorruft.** Friedrich Pecht, Kunstkritiker, *Augsburger Allgemeine Zeitung*, 1879

unweigerlich als Angriff auf die christliche Religion selbst verstanden und scharf kritisiert. Dabei tritt in vielen Besprechungen unverhohlener Antisemitismus zutage. Von katholischer Seite wird angeprangert, „dass ein Jude gewagt hat, seinen Mitbürgern solche Verhöhnung ihres Heilands öffentlich ins Gesicht zu schleudern". Die Diskussionen über das Bild ziehen ihre Kreise bis in den bayerischen Landtag.

Liebermann verändert daraufhin die Darstellung des Jesus und übermalt die jüdischen Attribute wie die Schläfenlocken. Wilhelm Leibl, der Präsident der aufrührerischen Künstlergesellschaft Allotria, macht sich persönlich zu Liebermann in die Landwehrstraße auf,

Dorfteich in Etzenhausen – Dorfidyll, 1879, Öl auf Leinwand, 45 × 60 cm, Privatsammlung

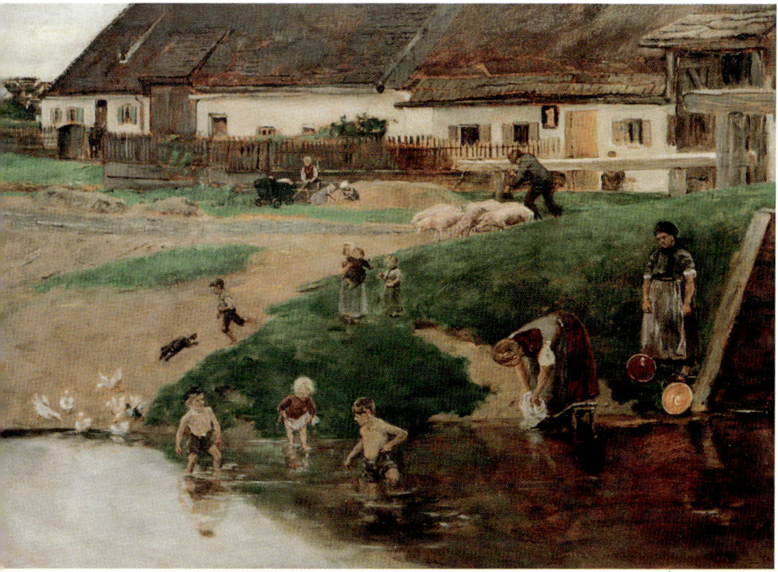

klingelt an der Ateliertür und sagt: „Ich bin der Leibl. Ich habe gehört, dass Sie wegen Ihres Bildes so angegriffen werden. Es ist ein Meisterwerk, und wer Ihnen ein Haar krümmt, ich schlag ihn tot, den Hund." Damit war genau der Kontakt hergestellt, den Liebermann sich von München erhofft hatte, und so kann er sich Leibl anschließen, als dieser im darauffolgenden Sommer nach Etzenhausen in das Dachauer Moos geht.

EIN DER WIRKLICHKEIT ABGESCHAUTER FIGURENMINIMALISMUS

Nach seinem Exkurs in die Historienmalerei konzentriert sich Liebermann erneut auf seine niederländischen Motive. In Amsterdam entdeckt er den Garten des katholischen Heims für alte Männer an der Nieuve Heerengracht, wo ihn eine Gruppe von schwarz gekleideten Alten in einem lichtdurchfluteten Laubengang zu einer der wichtigsten Kompositionen seines Frühwerks anregt. Das Gemälde *Altmännerhaus* von 1880 ist ein komplexes Werk, bei dem Liebermann durch die Entscheidung für eine uniforme Gruppe von Menschen Position bezieht gegen das erzählerisch angelegte Figurenbild der traditionellen Genremalerei. Während diese mit einer unterhaltsamen Vielfalt von Männern, Frauen und Kindern aufwartet, die durch Kleidung, Haltung und Interaktion lauter kleine Geschichten erzählen, verweigert Liebermann dem Betrachter eine solche Szenerie. Er mutet dem Betrachter eine reale Gruppensituation zu, bei der die Personen sich auf den ersten Blick kaum voneinander unterscheiden und in der Interaktion und Handlung kaum eine Rolle spielen. Kompositorisch haben wir es hier mit Wiederholung ein und desselben Figurenmotivs zu tun, bei der die künstlerische Leistung in der Variation eines Grundmotivs liegt. Während das Erzählerische also für den Maler geradezu nebensächlich ist, weckt etwas anderes sein künstlerisches Interesse: das Sonnenlicht, das, durch das Blätterdach gefiltert, auf Boden und Hauswände fällt, Lichtinseln bildet oder in Reflexen sichtbar wird. Dieses Sonnenlicht will er als Aspekt der realistischen Szenerie, die er vor sich hat, einfangen. Er entdeckt für

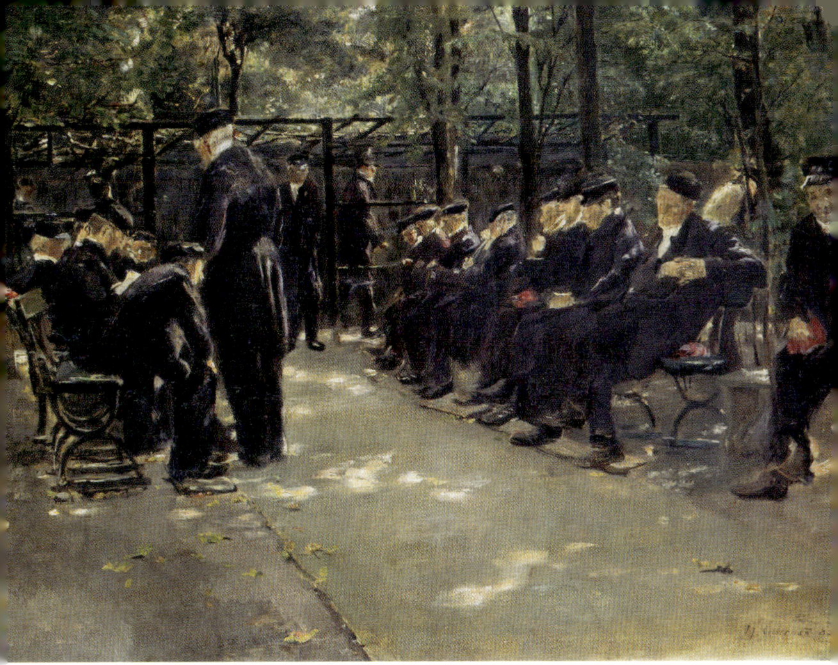

Altmännerhaus in Amsterdam – Studie, 1880, Öl auf Leinwand, 53,5 × 71,5 cm, Privatsammlung

seine Malerei die sogenannten „Sonnenflecken", helle, pastose Farbsetzungen, wie er sie im Vordergrund des *Altmännerhauses in Amsterdam* auf den Weg streut. Diese neuartige Wiedergabe des Lichts bringt ihm in Frankreich endlich den ersehnten Erfolg, wo das Gemälde zusammen mit *Die Stopfende Alte* 1881 im Pariser Salon gezeigt wird. Die Kritik feiert ihn als deutschen Maler, der sich in den „Zauber des einzigartigen Lichts" der Niederlande verliebt hat. „Der Effekt", so heißt es über seine Lichtflecken lobend, „ist außerordentlich, aber auch sehr exakt." Von der Jury erhält Liebermann eine ehrenvolle Erwähnung, eine Auszeichnung, die ihm als erstem Deutschen nach dem Deutsch-Französischen Krieg zuteil wird.

EIN BEKANNTER MALER

Auf der Grundlage von Skizzenmaterial und Studien, die Liebermann von seinen Sommeraufenthalten in Holland mitbringt, entstehen im Münchner Atelier weitere Werke, mit denen er im Pariser Salon erfolgreich ist: *Die Schusterwerkstatt*, *Große Bleiche* und *Münchner Bier-*

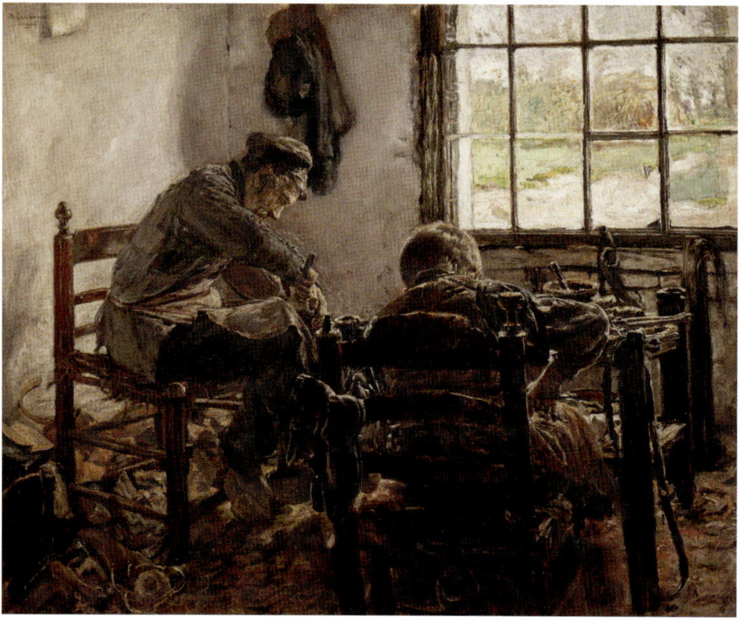

Schusterwerkstatt, 1881, Öl auf Holz, 64 × 80 cm,
Staatliche Museen zu Berlin, Nationalgalerie

garten. Mit diesen Werken gelingt ihm von München aus das, was er in seiner Pariser Zeit zwar erstrebt, aber nicht erreicht hat: Seine Bilder werden in den einschlägigen Zeitschriften besprochen, Sammler kaufen seine Werke, und Künstlerkollegen aus Frankreich und den Niederlanden werden auf den Namen Liebermann aufmerksam. Hieraus ergeben sich für ihn eine ganze Reihe internationaler Kontakte. Sein Bild *Altmännerhaus* ist bei den Künstlern der Haager Schule so bekannt, dass es für Liebermann zum Eintrittsbillett wird. Durch ein Gespräch darüber lernt er in Den Haag die Künstler Anton Mauve und Josef Israëls kennen, mit Letzterem entwickelt sich eine lebenslange Freundschaft. Der Cercle des XV, eine Gruppe französischer Maler um Jules Bastien-Lepage, lädt Liebermann ein, Mitglied zu werden. In Deutschland hingegen bleibt der Erfolg weiterhin aus.

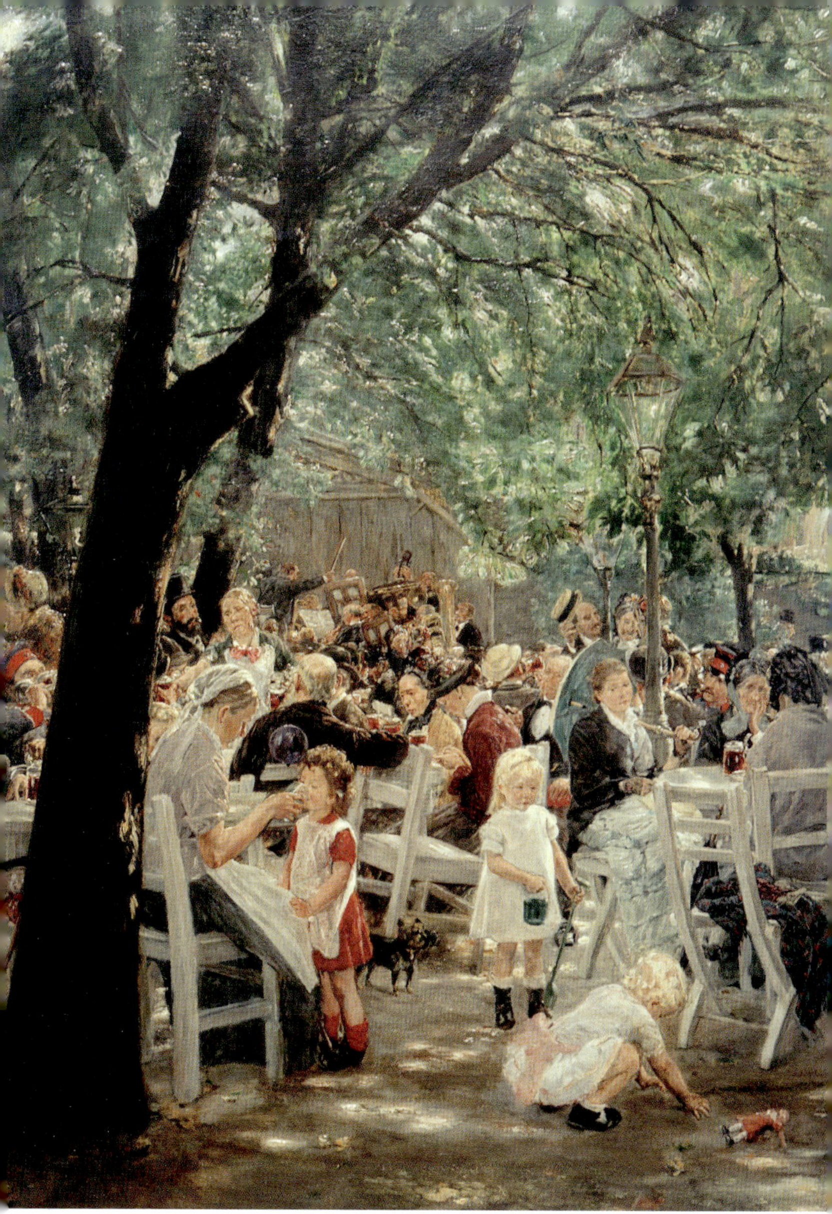

Garten des Augustinerkellers in München, 1884, Öl auf Holz, 94,5 × 68,5 cm, Bayerische Staatsgemäldesammlungen, Neue Pinakothek

Rückkehr nach Berlin

HOCHZEIT MIT MARTHA MARCKWALD

Die Familie wird schon lange auf eine Ehe gedrängt haben. Max Liebermann ist inzwischen schon 37 Jahre alt. Im Frühjahr 1884 heiratet er Martha Marckwald.

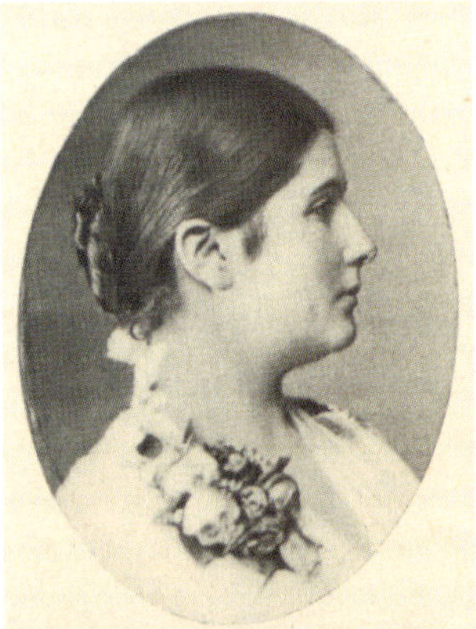

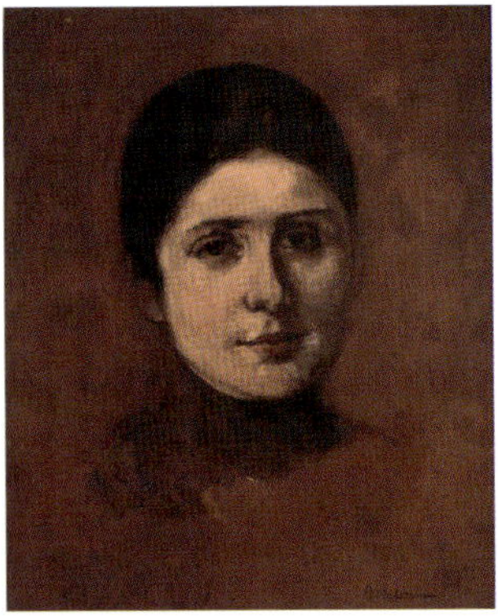

Oben: Brautbild Martha, 1884

Unten: **Studie zu einem Porträt Martha Liebermann, Gattin des Künstlers**, 1884, Öl auf Papier auf Holz, 43 × 34 cm, Tel Aviv Museum

Die junge Frau gehört im Grunde genommen schon zur Familie. Die Marckwalds und die Liebermanns sind beide Anfang des Jahrhunderts aus dem westpreußischen Märkisch-Friedland als Kaufleute nach Berlin gekommen. Die gemeinsame Herkunft führt dazu, dass Liebermanns Vater Louis nach dem frühen Tod von Heinrich Benjamin Marckwald Vormund der Tochter Martha und ihrer Geschwister wird. In dieser Rolle nimmt er, wie es seinerzeit üblich ist, auch Einfluss auf die Eheschließungen seiner nicht unvermögenden Mündel. Denn insbesondere in Kaufmannsfamilien sind Heiraten damals immer auch eine Frage der Vermögensplanung. Liebermanns älterer Bruder Georg ist seit fast zehn Jahren mit Marthas Schwester Else verheiratet. Was liegt da aus Sicht der Familie näher, als den „verlorenen Sohn", der mit seiner Kunst bisher nur im Ausland erfolgreich ist, mit der jüngeren Schwester zu verbinden?

HOCHZEITSREISE NACH HOLLAND

Angesichts dieser einschneidenden Veränderung bricht Liebermann seine Zelte in München ab und kehrt nach Berlin zurück. Nach der Hochzeit begibt er sich am

[...] ein sehr interessantes Paar [...], er ein gut distinguierter Jude mit pikantem Mephisto-Kopf im Stadium fortgeschrittener Jugend, sie eine vornehme Jüdin, schön, jung, liebreizend und elegant.

Max Liebermann an Carl Steffeck, 23. Juni 1885

14. September mit seiner Frau auf Hochzeitsreise. Andere Ehemänner wären in dieser Situation nach Italien gefahren. Nicht so Max Liebermann. Er will seine Martha mit seiner Malheimat Holland und mit der Malerei der alten Niederländer bekannt machen, die ihm so viel bedeutet. Doch die erste Station der Reise ist Braunschweig, wo das Paar im Herzog Anton Ulrich-Museum dem berühmten *Familienbildnis* von Rembrandt seine Aufwartung macht. Gemeinsam mit dem Ehepaar Israëls, das sie in Amsterdam treffen, geht es nach Laren bei Hilversum. Der Ort ist unter Künstlern für seinen von der Industrialisierung unberührten, dörflichen Charakter bekannt und hat sich seit 1880 zu einer Künstlerkolonie entwickelt. Martha, die mit feiner Garderobe und jeder Menge Koffer anreist, wird sich in dem schlichten Hotel Hamdorff fehl am Platz gefühlt haben. Liebermann dagegen ist so begeistert, dass er zwei Jahre später erneut nach Laren kommt und Motive für zahlreiche Werke findet, unter anderem eines seiner Hauptwerke, *Die Flachsscheuer*. Ihr weiterer Weg führt die beiden Ehepaare in die künstlerisch interessante Provinz Overijssel, wo die Maler mit den Skizzenbüchern umherstreifen und Liebermann viele Motive festhält, die später als Vorlage für wichtige Gemälde dienen. Über Haarlem, wo das junge Paar einige Wochen bleibt, weil die Wohnung in Berlin noch nicht fertig ist, und Amsterdam kehren sie nach Hause zurück, um sich im Berliner Tiergartenviertel einzurichten. „In den Zelten 11" lautet die Adresse der ersten Wohnung, und im Hof lässt sich Liebermann ein Atelier bauen. Nach den anregenden Jahren

Ich schrieb Ihnen in einer sehr gedrückten Stimmung. Nachdem ich durch fünfzehn Jahren sowohl in Weimar wie Paris und München den anregendsten Verkehr hatte, bin ich mit einem mal hier in künstlerischer Beziehung ganz vereinsamt.

Max Liebermann an Carl Steffeck, im September 1885

in Weimar, Paris und München fühlt Liebermann sich in Berlin „in künstlerischer Beziehung ganz vereinsamt“. Die Stadt hinkt in Hinsicht auf die künstlerische Entwicklung deutlich hinterher. Hier geben **akademische Maler*** wie Anton von Werner, seines Zeichens preußischer Hofmaler, Ludwig Knaus oder Paul Meyerheim den Ton an. Für Liebermanns Realismus und die bäuerlichen Themen seiner Malerei gibt es nur wenig Verständnis, auch wenn der Künstler selbst nicht ohne Zweckoptimismus erste Anzeichen dafür zu entdecken glaubt, dass man seiner Anschauung eine „gewisse Berechtigung“ zugesteht. Immerhin setzt sich Anton von Werner trotz erheblicher ästhetischer Differenzen dafür ein, dass der Rückkehrer in den Verein Berliner Künstler aufgenommen wird, wodurch sich ihm die Möglichkeit eröffnet, an den Ausstellungen der Königlichen Akademie der Künste teilzunehmen. Doch das Berliner Publikum ist einfach noch nicht so weit.

FAMILIENBILDER

Mit der Hochzeit hält ein neues Motiv in seine Kunst Einzug und sollte bis zu seinem Spätwerk nie wieder daraus weichen: seine Frau Martha. Die Skizzenbücher füllen sich mit Darstellungen ihres schön geschnittenen Gesichts mit den dunklen, zum Dutt zusammengefassten Haaren. Martha mag es nicht, Modell zu sitzen, weshalb der

---

* *Als* **AKADEMISCHE MALER** *können jene Künstler bezeichnet werden, die trotz modernerer künstlerischer Bestrebungen in der zweiten Hälfte des 19. Jahrhunderts an der Kunstauffassung der Akademie und an der Historienmalerei festhielten.*

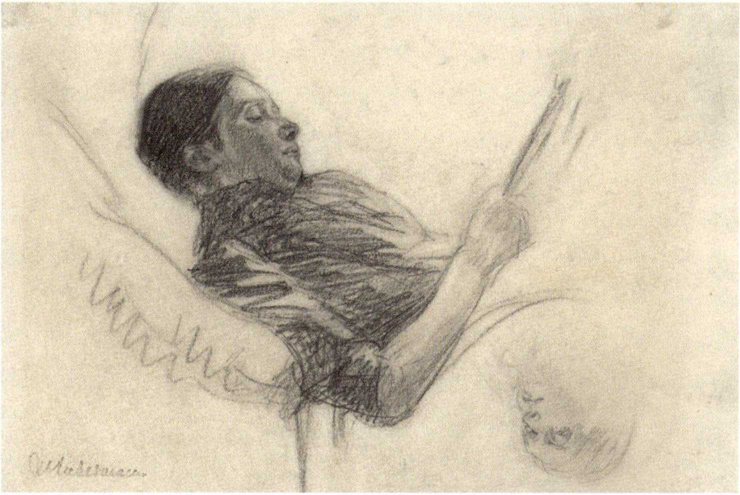

Die Frau des Künstlers beim Lesen, 1885, Schwarze Kreide, 23,5 × 31 cm, Archiv der Max-Liebermann-Gesellschaft Berlin

Frau und Tochter beim Spielen, um 1888, Kreide, weiß gehöht, 23,7 × 24,5 cm, Klassik Stiftung Weimar

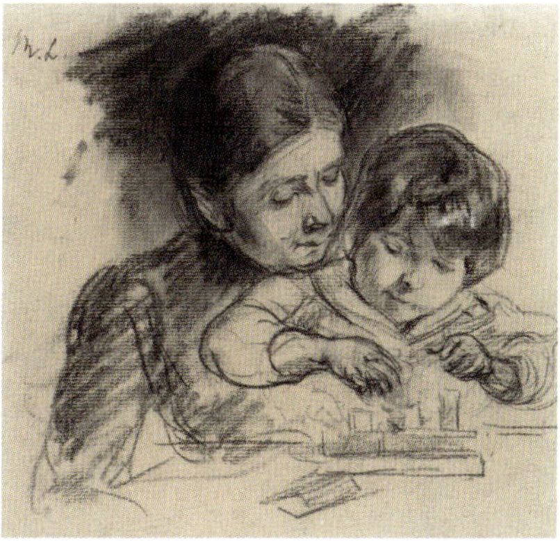

Liebermann ist als Schilderer seines Mädels der große Kindermaler.

Julius Elias, *Max Liebermann zu Hause*, 1918

Künstler ihre elegante Gestalt stets eher beiläufig zeichnet, im Sessel sitzend und ein Buch lesend oder schlafend. Die Skizzenblätter dieser Art sind kaum zu zählen. Sie entwickeln sich über die Jahre zu einer familiären Bilderchronik. Schon kurz nach der Hochzeit wird Martha schwanger, sodass die Blätter des Jahres 1885 sie mit deutlich gewölbtem Bauch zeigen. Da die Schwangerschaft nicht komplikationslos verläuft, sehen wir die werdende Mutter auf Anraten des Arztes häufig ruhend auf dem Sofa. Durch die Geburt kommt eine weitere Person in seinen Zeichnungen dazu: die Tochter Käthe.

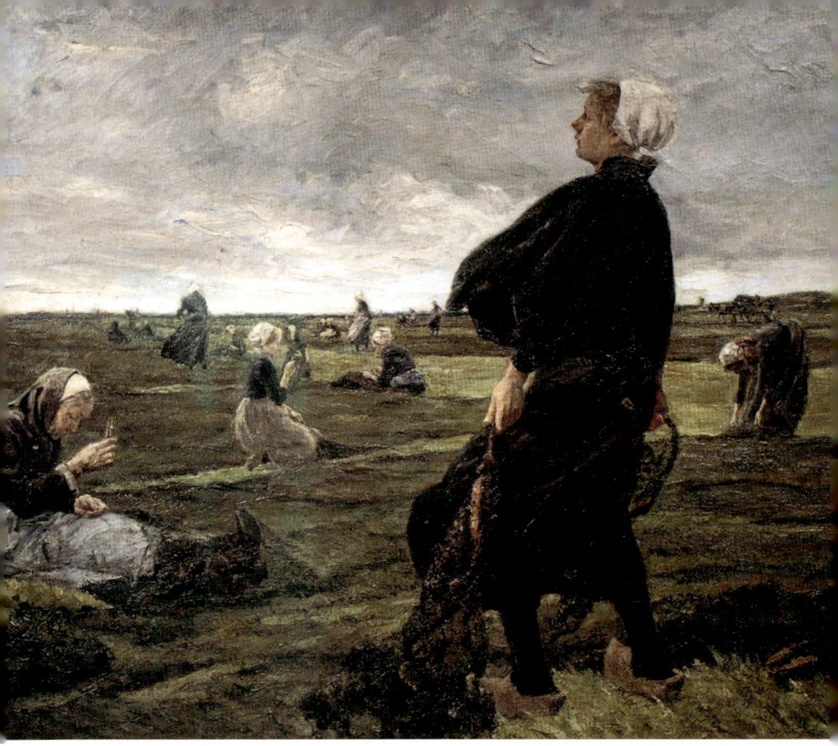

Die Netzflickerinnen, 1887/89, Öl auf Leinwand, 180,5 × 226 cm, Kunsthalle Hamburg

Mit dem Zeichenstift verfolgt er die Entwicklung des neuen Familienmitgliedes, zeigt es auf dem Arm der Mutter, bei Spielen mit Bauklötzen und später beim gemeinsamen Lesen. Es sind berührende Darstellungen voller Anteilnahme und Lebendigkeit. Und als 1917 die über alles geliebte Enkelin Maria geboren wird, begleitet der Künstler auch ihre Kindertage mit liebevollem Blick.

NETZFLICKERINNEN UND FLACHSSCHEUER

Auf der Grundlage des Studien- und Skizzenmaterials, das Liebermann auf der Hochzeitsreise und bei Studienaufenthalten in den Jahren 1886 und 1887 gesammelt hat, entstehen zwei bedeutende Kompositionen im großen Format, die *Netzflickerinnen* und die *Flachsscheuer*. Im Unterschied zu verschiedenen Darstellungen einzelner Handwerker und Bauern bzw. Bauernfamilien, die er in den

> In künstlerischer Beziehung ist mein Ideal Holland mit seinen alten Meistern geblieben [...]
>
> Max Liebermann, Autobiografisches Essay, *Allgemeine Zeitung des Judentums*, 1910

Jahren davor geschaffen hat, handelt es sich hierbei wieder um große Figurenkompositionen. Die Tätigkeit des Netzeflickens hat Liebermann während der Hochzeitsreise gesehen. Der Künstlerfreund Israëls, den das Motiv gleichermaßen reizt, malt als Erster ein großes Bild davon. Er stellt die Netzflickerinnen als Angehörige einer Dorfgemeinschaft dar: Die Frauen sitzen in Gruppen bei der Arbeit, im Hintergrund ist der Kirchturm einer entfernten Ortschaft zu erkennen. Liebermann denkt zunächst in eine ähnliche Richtung, wie eine große Zeichnung von 1884/85 zeigt. Hier sind die Figuren ebenfalls in Gruppen bei der Arbeit gezeigt. Ergänzend fügt er ein erzählerisches Element hinzu: zwei Fischer, die das reparierte Netz prüfend aufheben und deren Fischerboot im Hintergrund am Strand liegt. In der endgültigen Gemäldefassung verzichtet Liebermann hierauf ebenso wie auf die Interaktion der Figuren. Er reduziert die Darstellung auf die Wiedergabe der mühsamen Tätigkeit des Flickens. Als figürliche Variationen lässt er einzig die beiden durch die Arbeit definierten Vorgänge – das Ausbreiten der Netze und die eigentliche Reparatur mit der Nadel – und individuell gewählte Körperhaltungen zu. Eine der Frauen kniet, eine andere sitzt mit ausgestreckten Beinen auf der Erde. Ausgehend von der fast lebensgroßen Frau im Vordergrund rechts, staffelt der Künstler die Figuren immer kleiner werdend in die Tiefe des Bildraums, im regelmäßigen Wechsel mal nach rechts und mal nach links gewandt, und erzielt damit einen strengen kompositorischen Aufbau.

Auch bei dem Gemälde *Flachsscheuer* interessiert Liebermann ein Arbeitsvorgang, an dem eine Vielzahl von Personen beteiligt ist. Durch einen Hinweis des Malerkollegen Jan Veth, den er in Laren kennengelernt hat, wird Liebermann auf einen niedrigen alten Holz-

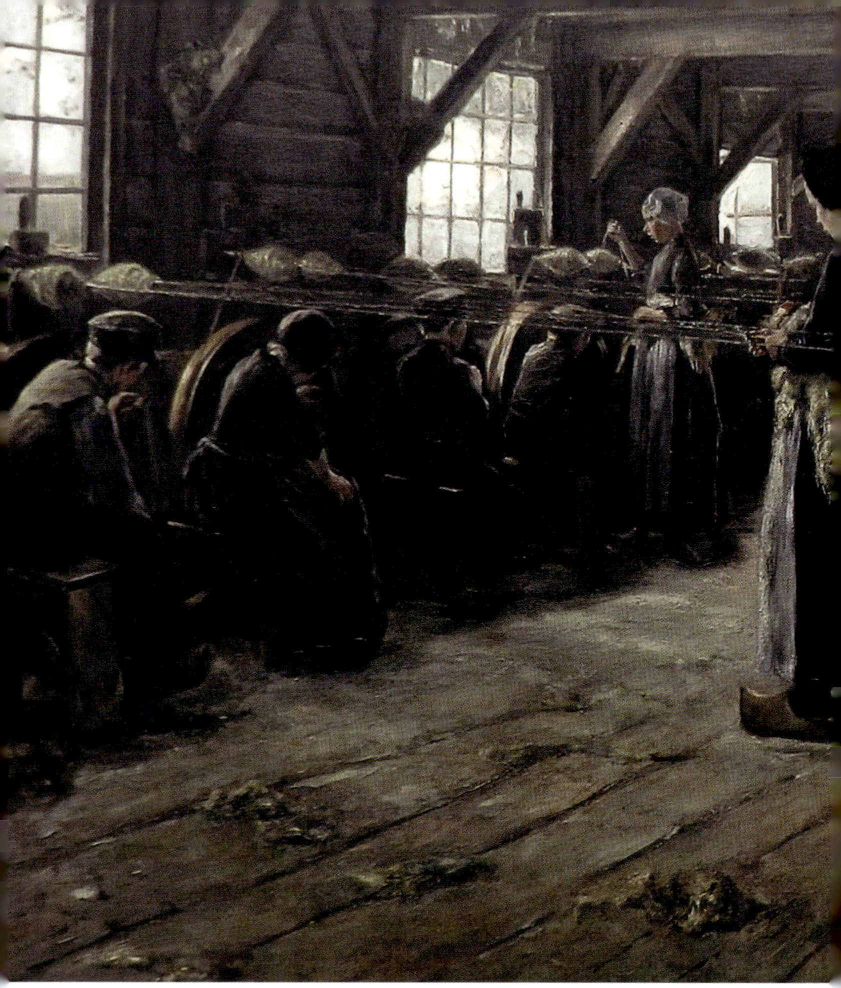

Flachsscheuer in Laren, 1887, Öl auf Leinwand, 135 × 232 cm,
Staatliche Museen zu Berlin, Nationalgalerie

schuppen in Laren aufmerksam, in dem Kinder und Jugendliche Flachsgarn spinnen. Das Flachsspinnen wird hier halbmaschinell betrieben, woraus für die Darstellung des Vorgangs eine noch stärkere Vereinfachung der Bewegungsmotive resultiert. Auf der linken Seite des von großen Fenstern hell erleuchteten, niedrigen Raums stehen in einer Reihe zehn baugleiche Spinnräder, die von Kindern mit der

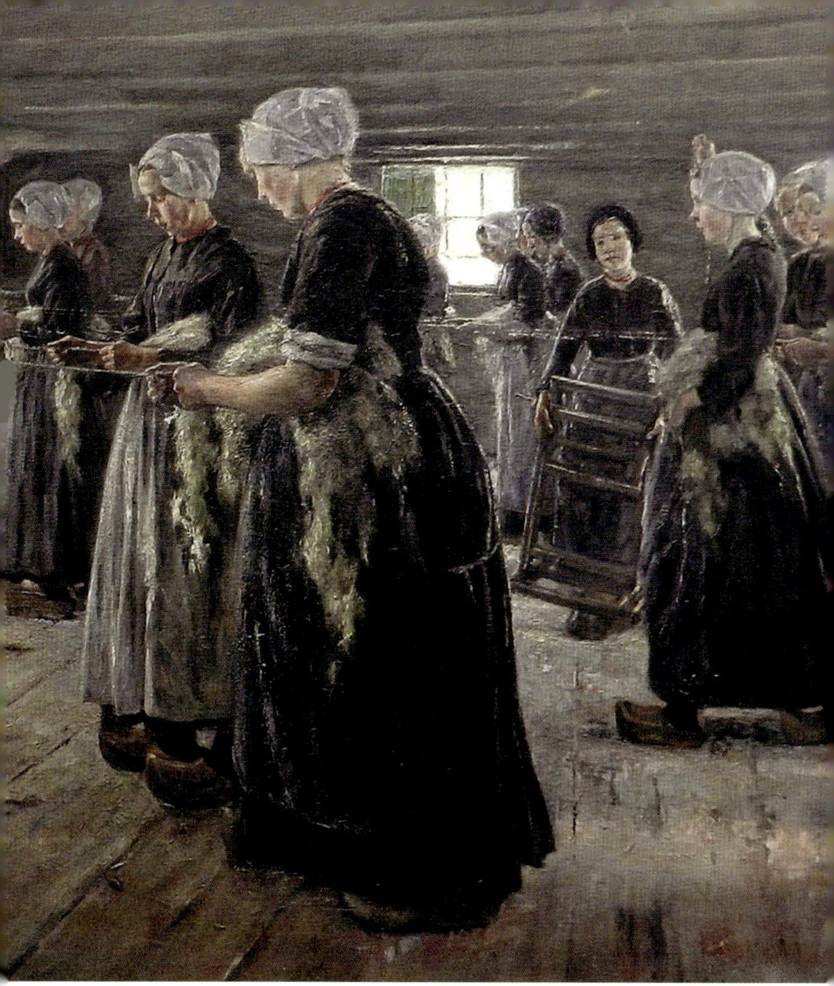

Hand angetrieben werden. Durch ihre gleichmäßige Bewegung bringen die auf kleinen Bänkchen sitzenden Jungen und Mädchen jeweils zwei Spindeln zum Rotieren. Jeder Spindel ist eine jugendliche Frau in holländischer Tracht zugeordnet, die, aufrecht stehend, mit einem Bündel gehecheltem Flachs unter dem Arm den von der Spindel aufgenommenen Leinenfaden spinnt. Der Takt der kraftintensiven Arbeit wird von den unermüdlich angetriebenen Spinnrädern vorgegeben, und diesem entspricht auch die Körperhaltung der Spinnerinnen. Sie müssen den Faden in Höhe der Spindel halten und sich sehr konzentrieren, damit die Fasern parallel liegen und sich nicht verheddern. Deshalb bleibt ihnen gar keine andere Möglichkeit, als aufrecht zu stehen, die Arme anzuwinkeln und den Blick auf ihre spinnenden Hände zu richten. Diese Art der Figurenkomposition, die durch eine Beschränkung auf wenige Figurenmotive und ihre serielle Wiederholung gekennzeichnet ist, war für die damalige Zeit unglaublich modern. Sie lässt sich in Anlehnung an den Namen einer Stilrichtung in der modernen Malerei als eine Art gegenständlicher Minimalismus beschreiben. Typisch für den Minimalismus der 1960er-Jahre ist eine vereinfachte Bildkomposition mit übersichtlichen, meist geometrischen Gestaltungselementen, die häufig seriell wiederholt werden. Liebermanns Meisterschaft erweist sich nun gerade in der kompositorischen Inszenierung dieses in Haltung, Bewegung und Interaktion extrem vereinfachten figürlichen Settings. Seine künstlerischen Mittel sind hierbei die rhythmisch geschickte Verteilung der Figuren im Bildraum, die Variationen der Gesichtszüge, Kleidung, Schrittstellung oder Körperdrehung und ein figürlicher Kontrapunkt in Form von zwei Figuren, die nicht in den Fertigungsablauf eingebunden sind. Hinzu kommen die Reflexe des durch die Fenster einfallenden Lichts, die der Maler mit flimmernden Flecken auf den Kleidern oder dem Holzboden einfängt. So gelingt es Liebermann, eine Spannung aus Ruhe und Bewegung zu erzeugen, die seinem Bild eine bemerkenswerte Lebendigkeit verleiht.

WARTEN AUF DIE GOLDENE MEDAILLE IN BERLIN

Mit den *Netzflickerinnen*, der *Flachsscheuer* und einem dritten Werk, *Frau mit Ziegen*, das 1890 entsteht – es zeigt eine niederländische Bäuerin, die eine Ziege am Strick durch die Dünen zerrt –, begründet Liebermann seinen Ruhm in Deutschland, wenn dieser sich auch, insbesondere in Berlin, nicht sofort einstellen wird. Die *Flachsscheuer* findet im Pariser Salon 1887 den Beifall der Presse und wird im Jahr darauf auf der Internationalen Kunstausstellung in München mit einer Kleinen Goldenen Medaille ausgezeichnet. Die *Netzflickerinnen*

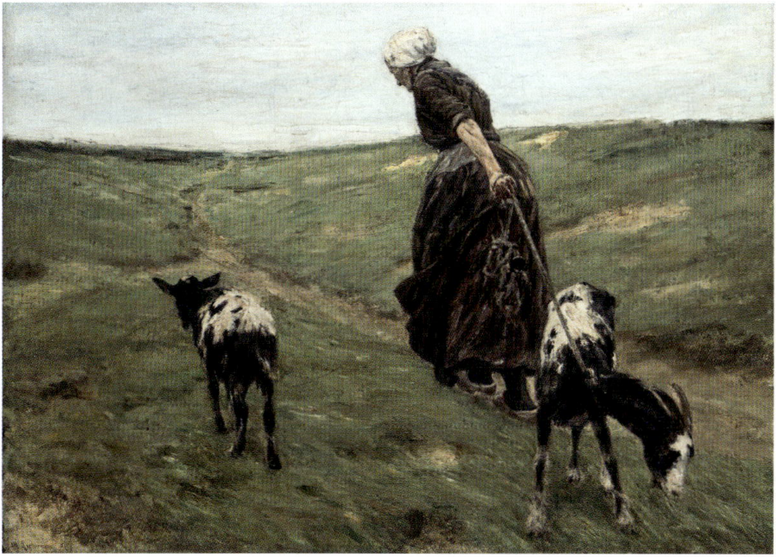

Frau mit Geißen in den Dünen, 1890, Öl auf Leinwand, 127,0 × 172,5 cm, Bayerische Staatsgemäldesammlungen, Neue Pinakothek

kann er 1889 an die Hamburger Kunsthalle verkaufen. Mit der *Frau mit Ziegen* erhält er 1891 in München eine Große Goldene Medaille, und es wird von der Neuen Pinakothek erworben. In Wilhelm von Bode und Emil Heilbutt findet Liebermann erste publizistische Unterstützer seiner Richtung.

Ausgerechnet in Berlin will ihm der Durchbruch nicht gelingen, was umso ärgerlicher ist, als seinem Vater Louis Liebermann die auswärtigen Ehren egal sind und er nur eine Große Goldene Medaille aus Berlin gelten lassen will. Vielleicht auch deshalb entscheidet sich Liebermann, dem Erfolg etwas nachzuhelfen und selbst dafür zu sorgen, dass seine in München prämierte *Flachsscheuer* 1988 in die Nationalgalerie nach Berlin kommt. Seine Hoffnung auf Prestige durch eine Erwerbung dieses Bildes durch das Museum ist so groß, dass er dem Direktor Max Jordan das Bild sogar als Schenkung anbietet. Dafür stellt er nur eine Bedingung: Nach außen soll es so aussehen, als habe die Nationalgalerie das Werk zum regulären Preis von 12 000 Mark gekauft. Auf diesen zweifelhaften Marketing-Coup will sich Jordan

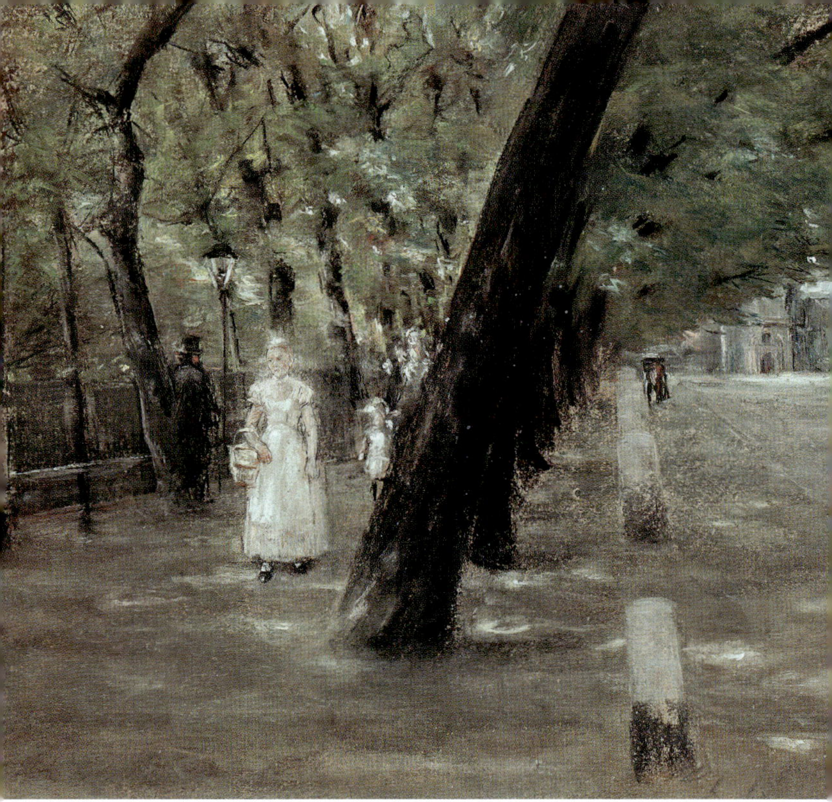

Die Kirchenallee in Hamburg-St. Georg, 1890, Pastell, 47,8 × 72,5 cm, Hamburger Kunsthalle

aber nicht einlassen und zahlt schließlich einen Betrag von 500 Mark, und das nicht einmal für das Bild, sondern nur für die entstandenen Kosten bis zur endgütigen Übernahme in die Sammlung. Damit ist diese Berliner Erwerbung eher eine Demütigung als ein Erfolg. Der Verkauf der *Netzflickerinnen* an die Hamburger Kunsthalle im darauffolgenden Jahr bleibt finanziell ähnlich enttäuschend. Wilhelm von Bode, der Generaldirektor der Berliner Museen, hat das Werk gesehen und es Alfred Lichtwark, dem Direktor der Kunsthalle, wärmstens empfohlen. Lichtwark kauft das Bild nach der Ausstellung im Pariser Salon für 970 Mark. Um dem Ruf des Malers nicht zu schaden, verheimlicht er den niedrigen Preis und trägt einen wesentlich höheren Wert ins Inventarbuch ein. Langfristig gesehen wird sich

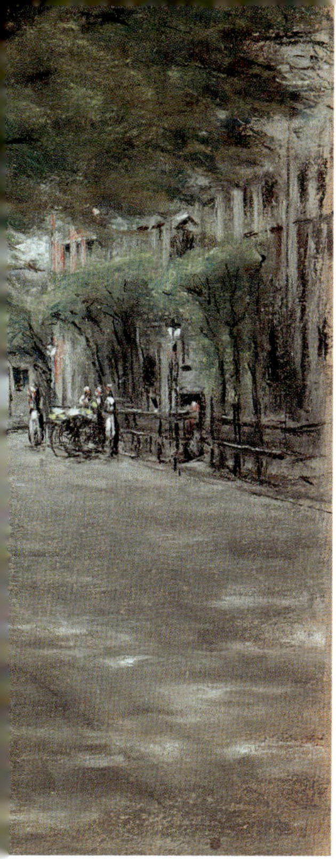

Liebermanns Entgegenkommen gegenüber Hamburg allerdings auszahlen, denn in Lichtwark gewinnt er nicht nur einen engagierten Förderer, sondern auch einen lebenslangen Freund.

EIN FREUND IN HAMBURG

Nach seinem Amtsantritt 1886 als erster Direktor der Hamburger Kunsthalle hat Alfred Lichtwark den Plan gefasst, eine Sammlung mit Bildern aus Hamburg aufzubauen. In diesem Zusammenhang lädt er zahlreiche Künstler dazu ein, Studien in Hamburg und Umgebung zu machen, darunter Franz Skarbiner, Gotthard Kühl und Hans Herrmann. Auch Max Liebermann soll dabei sein, weshalb er ihm nach dem Ankauf der *Netzflickerinnen* eine Einladung zukommen lässt, die mit der konkreten Aussicht auf einen Auftrag verbunden ist. Liebermann reist im Sommer 1890 nach Hamburg. Lichtwark führt ihn in der ganzen Stadt und in der Umgebung herum und zeigt dem Berliner Gast in vier Tagen mehr, als „manch guter Hamburger", so Liebermann, „in seinem ganzen Leben" zu sehen bekomme: die Bauerngärten der Vierlande und den Hafen ebenso wie die vornehmen Landhäuser an der Elbe. Auch ein Motiv für die Auftragsarbeit ist schnell gefunden: die *Kirchenallee* im Stadtteil St. Georg. Es ist eine Arbeit, die Liebermann vor Ort als Pastell ausführt und die von der Ankaufskommission der Hamburger Kunsthalle so einhellig begrüßt wird, dass Lichtwark gleich zwei weitere Pastelle erwerben und dem Künstler wenig später einen weiteren Auftrag vermitteln kann: das Porträt des Bürgermeisters Carl Friedrich Petersen. Dieses Bildnis wächst sich für Liebermann jedoch zu einem langjährigen Ärgernis aus, da der Bürgermeister und seine Familie über die ungeschönte und wenig repräsentative Darstellung entrüstet sind und eine Ausstellung des Bildes in der Hamburger Kunsthalle über Jahre blockieren. Dieser Rückschlag kann allerdings dem freundschaftlichen Verhältnis zwischen Liebermann und Lichtwark, die in einer umfangreichen brieflichen Korrespondenz ihren Ausdruck findet, keinen Abbruch tun, und ab 1902 vergibt Lichtwark weitere Aufträge an Liebermann. So entstehen die *Lindenterrasse des Hotel Louis Jacob, Abend am Uhlenhorster Fährhaus* und viele andere Werke. Hamburg verfügt dadurch heute über eine der besten Liebermann-Sammlungen in Deutschland.

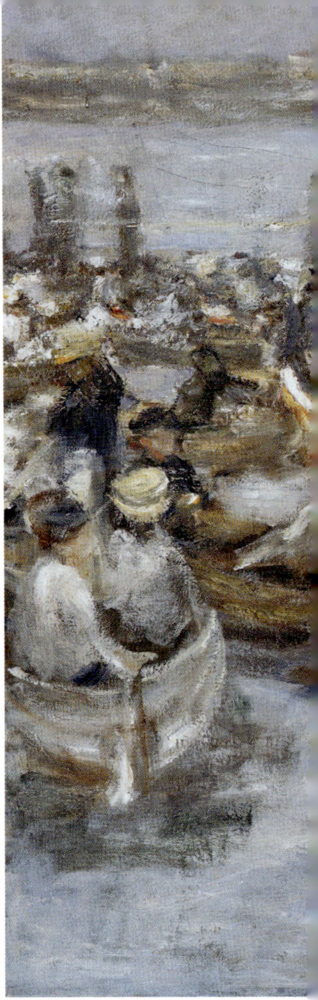

VEREINIGUNG DER XI

In Berlin dagegen bleibt der langersehnte Erfolg lange aus. Zwar ist Liebermann 1891 mit vier Bildern auf der Internationalen Ausstellung der Berliner Akademie vertreten, doch auf eine Große Goldene Medaille hofft er erneut vergebens. Daher gründet er zusammen mit dem Maler Walter Leistikow im Frühjahr 1892 die Vereinigung der XI, die sich als erste Künstlergemeinschaft in Berlin von der offiziellen akademischen Kunstrichtung lossagt. Man will ohne „Rücksicht auf Wünsche und Liebhabereien des kaufenden Publikums“, so Leistikow, „ohne ängstliches Schielen auf Paragraphen der Ausstellungsprogramme“ eigene Ausstellungen organisieren. Die Künstlergruppe setzt damit in Berlin einen Prozess in Gang, durch den sich bis in die 1920er-Jahre immer wieder neue Gruppen fortschrittlicher Künstler

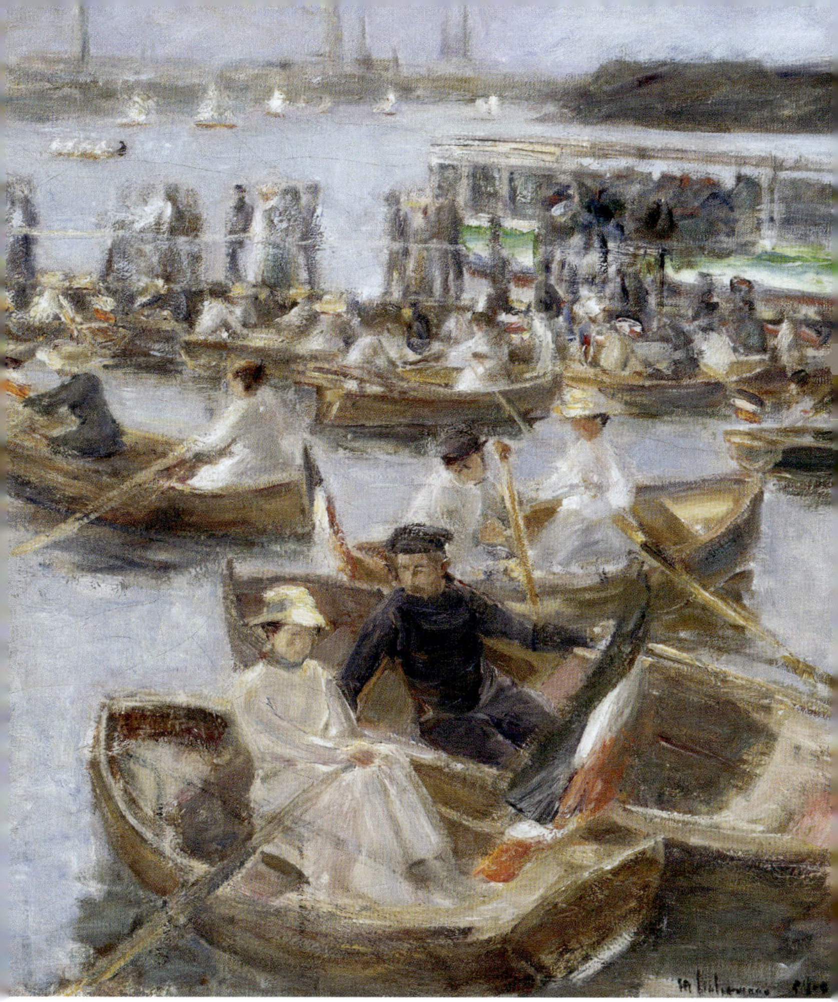

Abend am Uhlenhorster Fährhaus, 1910, Öl auf Leinwand, 87,5 × 112,4 cm, Hamburger Kunsthalle

bilden. Die erste Ausstellung der XI findet im April 1892 in der Kunsthandlung Eduard Schulte statt, und da Liebermann auch auf der Akademieausstellung im Mai erfolglos bleibt, entscheidet er sich, seine Bilder in den nächsten Jahren nur noch zusammen mit den Kollegen der „XI" oder in der Galerie Fritz Gurlitt zu zeigen.

Die Entdeckung des Impressionismus

BERLIN IST SPÄT DRAN

Nun könnte man denken, dass Liebermann eigentlich schon früher auf den Impressionismus hätte aufmerksam werden müssen. Immerhin war er genau zu der Zeit in Paris, als Maler wie Claude Monet, Édouard Manet, Auguste Renoir und Camille Pissarro dort mit dem neuen Malstil Furore machen. Doch Liebermann nimmt den Impressionismus als Künstler und als Kunstsammler erst Anfang der 1890er-Jahre zur Kenntnis. Das entspricht in etwa der Verzögerung, mit der man auf den französischen Impressionismus in Deutschland allgemein, insbesondere in Berlin aufmerksam wurde. Mit Ausnahme der frühen Impressionisten-Ausstellung im Oktober 1883 in der Galerie Gurlitt, die der damals in München lebende Liebermann vermutlich nicht gesehen hat, ist die neuere französische Kunst in Berliner Ausstellungen fast ausschließlich durch die Schule von Barbizon vertreten. Nur im Salon des Sammlerehepaares Carl und Felicie Bernstein, einem bedeutenden Treffpunkt für Schriftsteller, Museumsleute und Künstler, sind in Berlin seit den frühen 1880er-Jahren Werke von Manet und Monet zu sehen. Vermutlich hat Liebermann französische Impressionisten schon hier gesehen. Die innovative Kraft dieser Malerei jedoch entdeckt er erst nach 1891.

> **Erst die Impressionisten gossen den neuen Wein auch in neue Schläuche.**
>
> Max Liebermann in der Zeitschrift *Pan* über den Maler Edgar Degas, 1886

Der französische Impressionismus stellt die Malerei seinerzeit auf eine völlig neue Grundlage. Künstler wie Monet, Renoir oder Alfred Sisley verwandeln die Bildkomposition in ein Gewebe aus Lichtreflexen und Farbpunkten, das sich durch eine für jene Zeit geradezu aggressive Helligkeit auszeichnet. Die neue Interpretation des Lichts und der vom Licht belebten Atmosphäre verändert auch die Motiv-

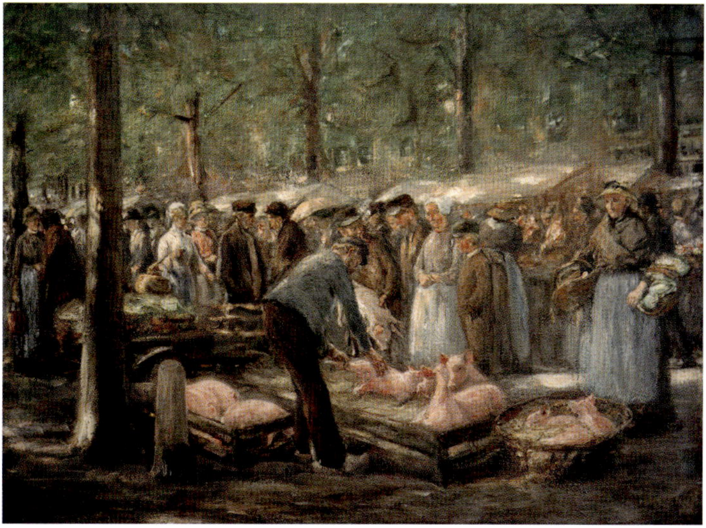

Schweinemarkt in Haarlem – 1. Fassung, 1891, Öl auf Leinwand, 111 × 151 cm, Kunsthalle Mannheim

wahl der Künstler, die sich in noch nie dagewesener Weise auf die Eindrücke des Augenblicks konzentrieren. Die Leichtigkeit des Tanzes und das farbige Leuchten einer Blumenwiese werden zu zentralen Bildthemen. Für die Kunst entdeckt werden nun auch die unspektakulären Sujets des Alltags, das bürgerliche Freizeitvergnügen und der Sport. Unter dem Einfluss des französischen Impressionismus wendet sich Liebermann von den bäuerlichen Szenen mit markanten Hauptfiguren ab und bevorzugt nun Landschaften mit kleinfigurigen Genreszenen, wenn er nicht sogar reine Landschaften malt. Dieser thematische Wechsel ist auch mit einer Veränderung der künstlerischen Technik verbunden: Die Palette hellt sich auf, der Strich wird skizzenhafter. Sein künstlerisches Interesse verlagert sich von der Figur auf atmosphärische Lichtstimmungen, die er in der Natur beobachtet.

WENDE ZUM LICHT

Als erstes Werk Liebermanns, in dem sich eine impressionistische Auffassung des Lichts feststellen lässt, gilt das Gemälde *Schweinemarkt in Haarlem* von 1891. Die dargestellten Marktbesucher – Bauern,

Es ist das Verdienst der Impressionisten – Manet an ihrer Spitze –, dass sie zuerst wieder ohne Voreingenommenheit an die Dinge heran gingen. Statt der verstandesmäßigen Malerei der Akademie mit dem Rezept von Lokal-, Licht- und Schattenton versuchten sie, wie sie sahen, jeden Ton auf der Palette zu mischen und auf die Leinwand zu setzen.

Max Liebermann in der Zeitschrift *Pan* über den Maler Edgar Degas, 1886

Frauen mit Haube und Damen mit Hüten – sind nicht mehr über die Umrisslinie definiert und im Bildraum arrangiert, sondern malerisch aus der Farbe heraus entwickelt, die mit breiten Pinselstrichen auf die Leinwand gesetzt ist. Dabei sind die hellen Striche, die den Einfall des Sonnenlichts festhalten, Bestandteil dieser Pinselstruktur, die durch das Übereinander der Farbtöne den Eindruck des Funkelns und Vibrierens hervorrufen. Liebermanns Hauptinteresse gilt nicht mehr der detaillierten Schilderung eines figürlichen Motivs, sondern der vom Sonnenlicht geprägten Atmosphäre eines Marktages. Ähnliche Phänomene lassen sich auch an dem zwei Jahre später entstandenen Gemälde *Biergarten in Brannenburg* beobachten. Auch hier liegt der Schwerpunkt nicht wie in dem *Münchner Biergarten* auf den Menschen, die an einfachen Tischen unter den Bäumen sitzen, sondern auf der Atmosphäre eines Sommertages, bestimmt durch das helle Sonnenlicht, das, durch die dichten Baumkronen gefiltert, Lichtinseln auf dem Boden bildet und von der Wand des Wirtshausgebäudes zurückstrahlt.

Allee in Elswoud bei Haarlem, 1885, Öl auf Leinwand, 88 × 72,5 cm, Privatsammlung

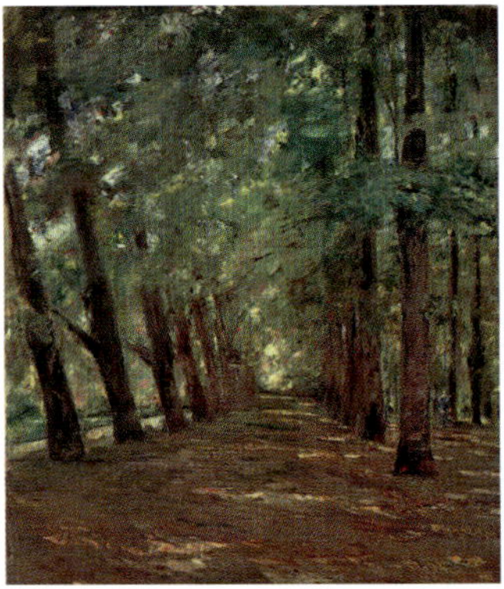

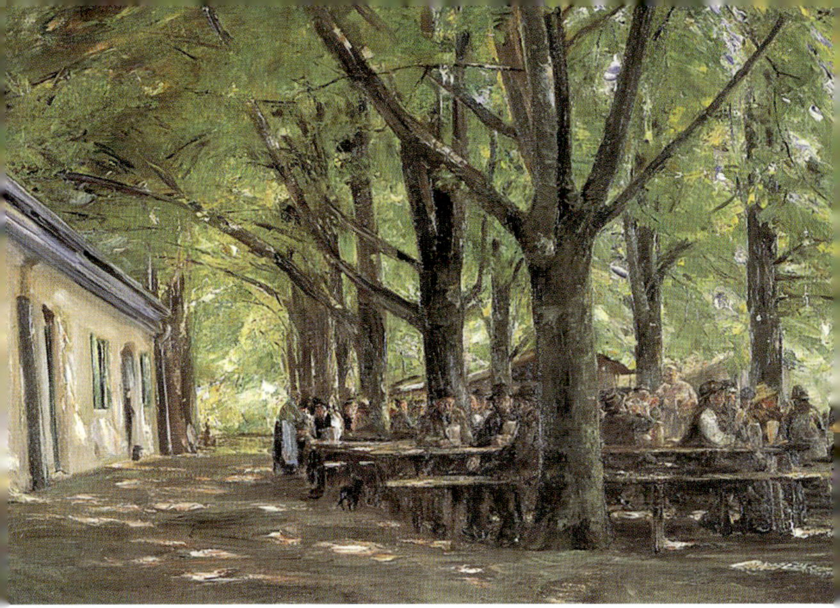

Biergarten in Brannenburg, 1893, Öl auf Leinwand, 71 × 105 cm, Musée d'Orsay, Paris

Dort, wo bisher große Einzelfiguren – Netzflickerinnen, Kartoffelgräber oder Bäuerinnen mit Vieh – die Komposition beherrschten, entsteht nun ein Bereich, den der Maler mit der Wiedergabe der lichtdurchfluteten Landschaft füllt. In einzelnen Bildern, etwa *Allee in Overveen* von 1895, spielt die menschliche Figur keine Rolle mehr. Gegenstand des Bildes ist eine in die Tiefe führende Allee hoher Bäume, die – nach den Kategorien der traditionellen Landschaftsmalerei beurteilt – an Belanglosigkeit nicht zu überbieten ist. Es fehlt an einer klaren Differenzierung der Bildräume und an wohlgefällig drapierten Gebäuden ebenso wie an **Staffagefiguren***, die im Sinne eines menschlichen Maßstabs den Naturraum erschließen. Dieser alte Begriff von Landschaft ist hier ebenso ausgehebelt wie der Realismus eines Millet. Sie werden ersetzt durch das impressionistische Konzept einer Landschaft, die durch das eingefangene Licht zum Erlebnis wird.

---

* **STAFFAGEFIGUREN** *sind in die Bildkomposition eingefügte Darstellungen von Menschen, durch die Landschafts- oder Architekturgemälde belebt werden.*

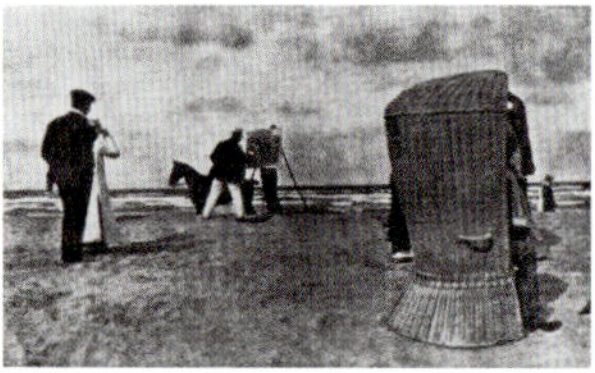

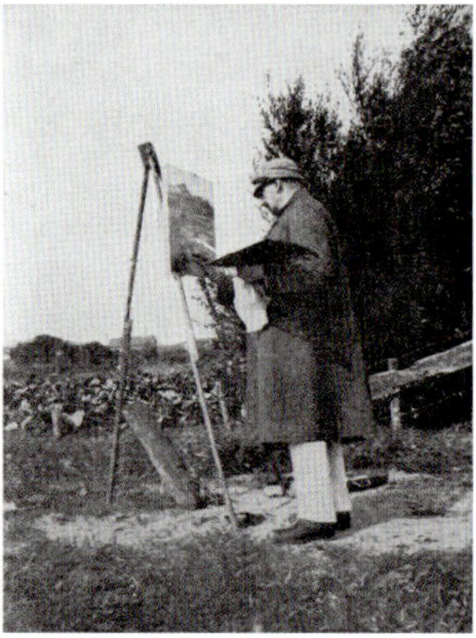

Oben: Liebermann in Noordwijk

Unten: Der Künstler bei der Arbeit in einem holländischen Küstendorf

Liebermann hatte in Holland sein Naturevangelium gefunden.

Der Liebermann-Biograf
Hans Ostwald, 1930

ENTDECKUNG VON MEER UND STRAND

Mit Gemälden wie *Biergarten in Brannenburg* und *Allee in Overveen* gehört Max Liebermann als Maler zu den entscheidenden Wegbereitern des deutschen Impressionismus. Als Kunstsammler beginnt er ab 1892 eine herausragende Kollektion mit Werken von Manet, Monet, Pissarro und Edgar Degas aufzubauen. Dieses Bekenntnis zum Impressionismus, als Maler und als Sammler, verbunden mit seiner herausgehobenen gesellschaftlichen Stellung, prädestiniert ihn zum Fürsprecher der französischen Kunst in Berlin. Gleichzeitig bringt es ihn unweigerlich in Konflikt mit dem deutschen Kaiser Wilhelm II. und den offiziellen Vertretern der Künstlerschaft, die allen künstlerischen Neuerungen, insbesondere wenn sie aus Frankreich kommen, mit großer Ablehnung begegnen.

Unter dieser neuen künstlerischen Perspektive sieht Liebermann nun auch seine Malheimat Holland mit neuen Augen. Aus dem weiten niederländischen Marschland, wo Viehzucht betrieben wird, Netze geflickt und Kartoffeln angebaut werden, tritt er über die Dünen an den Strand und lässt seinen Blick über das sonnige Meeresufer und die grüne Wasserfläche schweifen. Liebermann stellt seine Staffelei nun am Strand auf und beginnt, die Impressionen des Lichts in frischen Farben vor Ort, *sur le motif*, festzuhalten. Das ist, wie Liebermann in einem Brief betont, nicht ohne Schwierigkeiten: „Heut bin ich bei einer Studie zweimal bis auf die Haut durchgeregnet, den Wind gar nicht gerechnet.“ Aber das

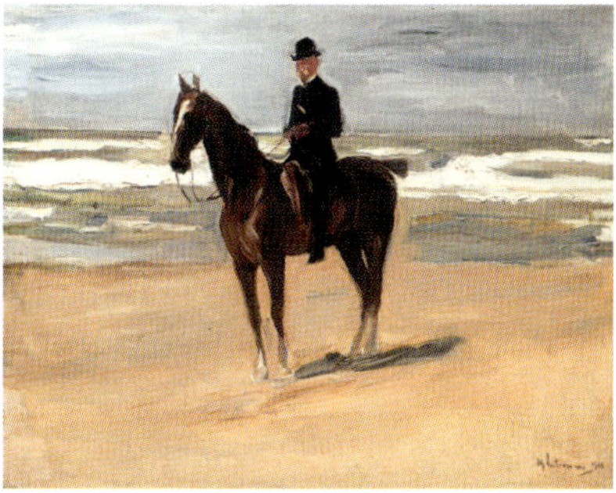

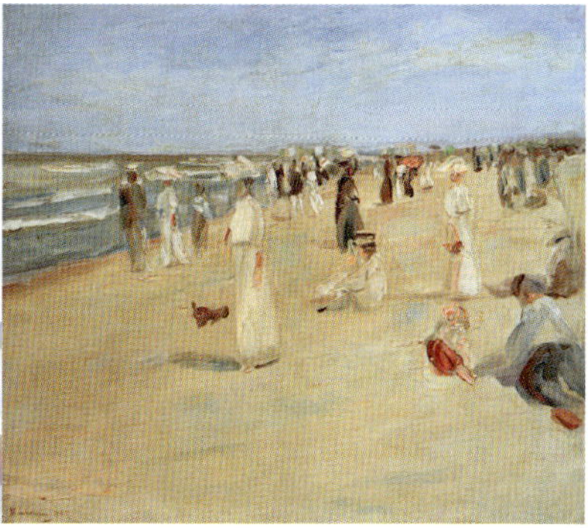

Oben: **Reiter am Strand**, 1908, Öl auf Leinwand, 71,3 × 89,5 cm Museumslandschaft Hessen Kassel, Neue Galerie

Unten: **Strandbild Noordwijk**, 1911, Öl auf Leinwand, 65,3 × 71 cm, Privatbesitz

Ergebnis lohnt die Mühen. „Man riecht förmlich die Seeluft", so charakterisiert der Kunstkritiker Julius Norden die neuen Bilder.

Liebermann reist oft in Begleitung von Frau und Tochter, zunächst nach Zandvoort und Scheveningen. 1896 entstehen in Zandvoort, wo Liebermann eine Gruppe von Jungen beobachtet, die bei frischem Wetter in der See baden, die ersten Studien für ein großes Gemälde: *Badende Knaben – Jungen in Zandvoort*, heute in der Neuen Pinakothek in München. Während die Inszenierung der Figurengruppe, bei der durch eine Kombination unterschiedlicher Bewegungsmotive die Etappen des Bades wiedergegeben werden, aus seinen bisherigen Werken durchaus vertraut ist, zeichnen sich zwei Aspekte ab, die lebendig und neu sind: die Entscheidung für eine Szene unbeschwerten Freizeitvergnügens einerseits und die Verwendung der unmittelbaren am Strand gesammelten, frischen Eindrücke andererseits. Hierdurch gelingt es Liebermann, den scharfen Wind ebenso einzufangen wie die besondere Lichtstimmung am Meer. Kein geringerer als Edgar Degas äußert sich lobend über diese Komposition, als er das Werk im Pariser Salon sieht. Von nun an entstehen die Gemälde von Reitern und Spaziergängern am Strand, die Liebermanns Ruhm begründen.

Folgende Doppelseite: **Badende Knaben – Jungen in Zandvoort**, 1896/98, Öl auf Leinwand, 122 × 151 cm, Bayerische Staatsgemäldesammlungen, Neue Pinakothek

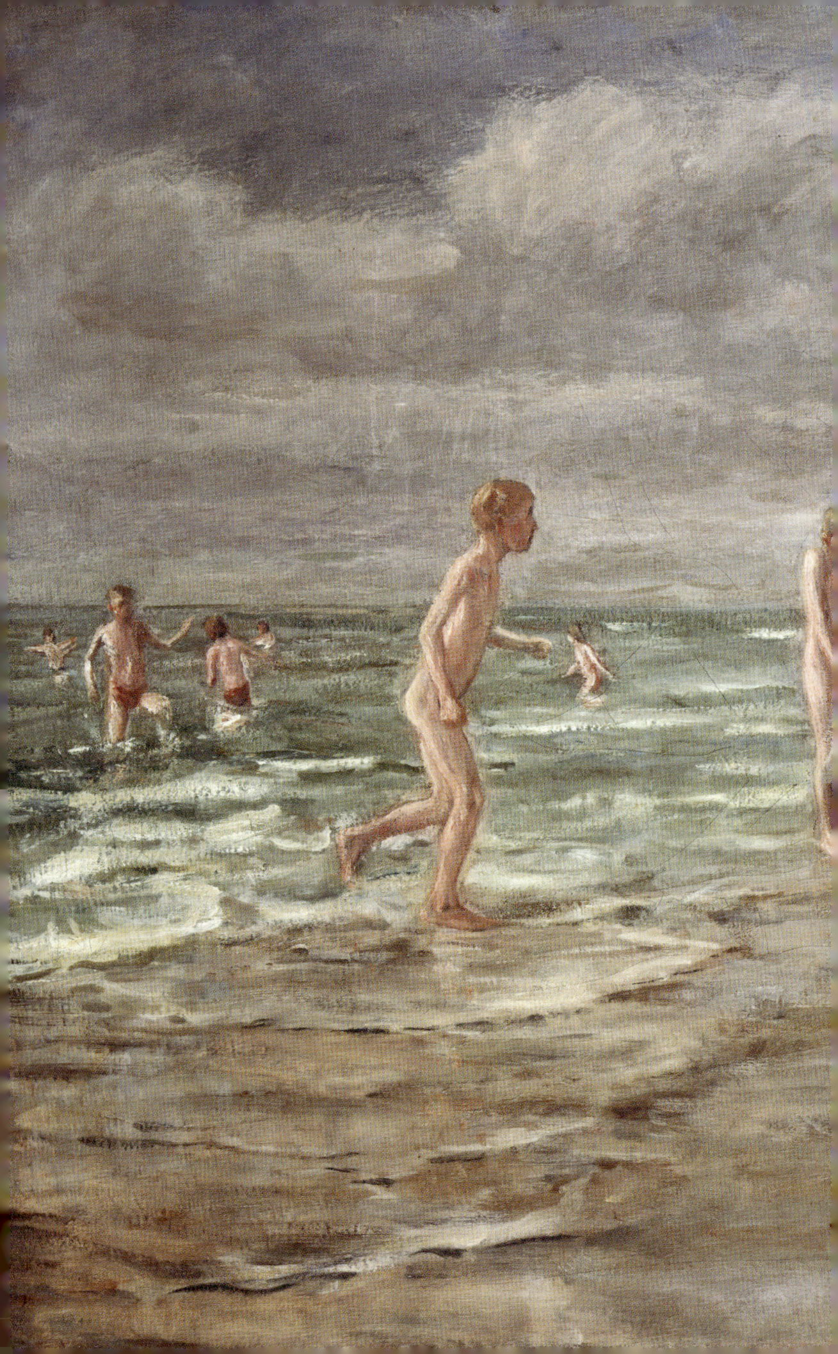

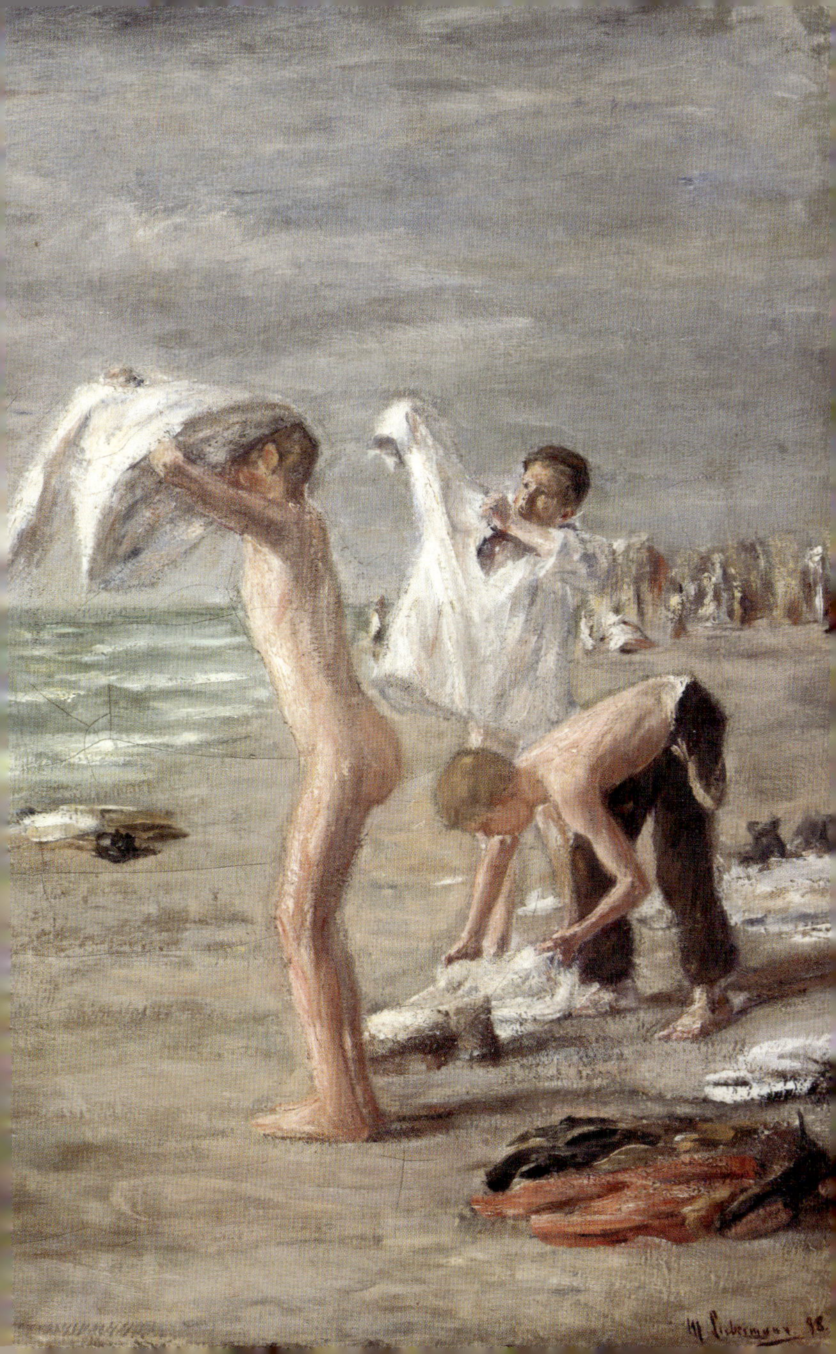

Liebermann als Sammler

Max Liebermann ist einer der bedeutendsten Berliner Kunstsammler seiner Zeit. Über die Jahre trägt er eine der besten deutschen Kollektionen impressionistischer Kunst zusammen. Die Werke schmücken die Wände seines Hauses am Pariser Platz und seines Sommerhauses am Wannsee. Dazu gehören neben bedeutenden Gemälden des französischen Impressionismus auch Werke der niederländischen Meister des 17. und der Berliner Malerei des frühen 19. Jahrhunderts. Als eines der ersten impressionistischen Werke gelangt 1893 Édouard Manets Gemälde *Klatschrosen* in seinen Besitz. Für Manet empfindet Liebermann zeitlebens eine besondere Verehrung. Er schätzt die skizzenhaft wirkenden Stillleben und Figurenporträts des französischen Kollegen und erwirbt noch 16 weitere seiner Arbeiten. Hinzu kommen Gemälde von Camille Pissarro, Claude Monet, Edgar Degas und vielen anderen Künstlern. Von Degas kann er den berühmten *Tänzerinnenfries* sein Eigen nennen, der sich heute im Cleveland Museum of Art befindet. Unter den Berliner Malern ist es vor allem Adolph von Menzel, für den sich Liebermann begeistert. Über 60 Menzel-Werke lassen sich in seinem Bestand nachweisen, hinzu kommen Ölbilder von Carl Blechen und Franz Krüger. Schriftsteller, Künstler-

Edgar Degas, **Tänzerinnenfries (Tänzerinnen, ihre Sandalen anziehend)**, 1895, Öl auf Leinwand, 70,5 × 201 cm, The Cleveland Museum of Art, Cleveland, Ohio

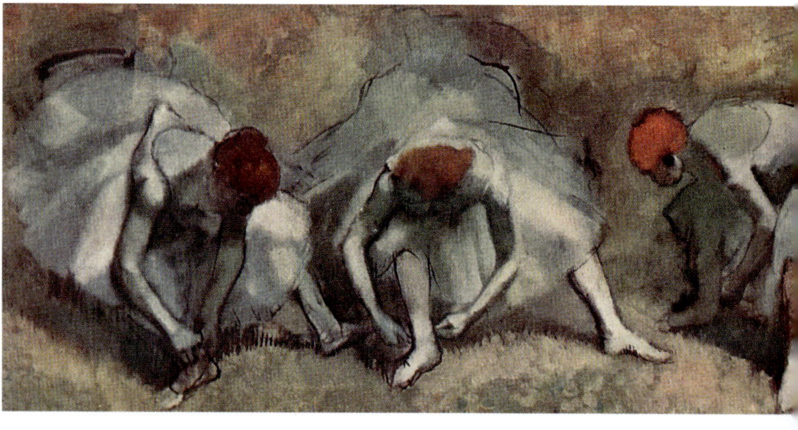

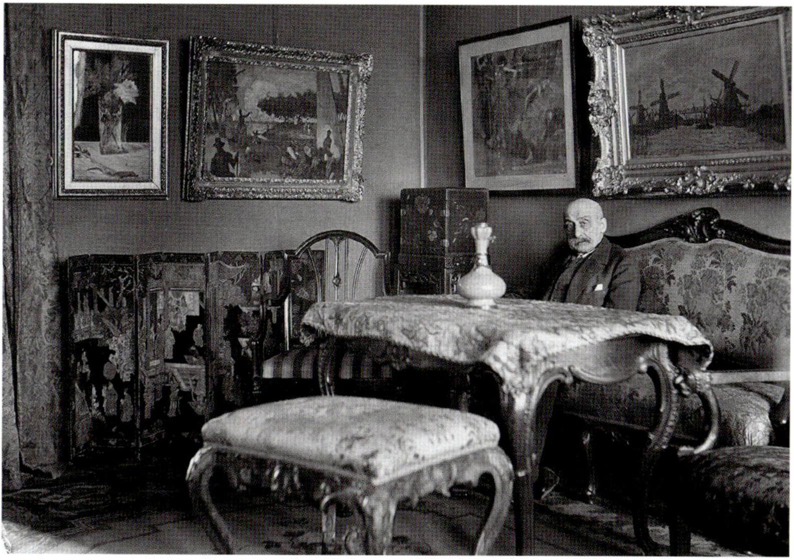

Max Liebermann im Musikzimmer der Wohnung Pariser Platz, um 1933, Foto von Fritz Eschen

kollegen und Journalisten, die den Meister besuchen, schwärmen von der Qualität der Sammlung. In der Zeit des Nationalsozialismus ist die Familie Liebermann wegen ihrer jüdischen Herkunft bedroht und damit auch ihre Sammlung. Unmittelbar nach der Machtübernahme Hitlers 1933 übergibt Liebermann die französischen Hauptwerke in die Obhut des Kunsthauses Zürich, um sie in Sicherheit zu bringen. Diese Werke erhält später die Tochter von Max und Martha Liebermann, Käthe Riezler, zurück, die 1938 in die USA emigriert. Ein großer Teil verbleibt bei Liebermanns Witwe in Berlin, die ab 1935 gezwungen ist, Bilder für ihren Lebensunterhalt zu verkaufen, und die 1943 in den Selbstmord getrieben wird. Nach ihrem Tod wird der verbliebene Teil der Sammlung mit dem übrigen Besitz beschlagnahmt. Er gilt seither als verschollen. Nicht wenige Kunstwerke sind allerdings in der Nachkriegszeit im Kunsthandel wieder aufgetaucht.

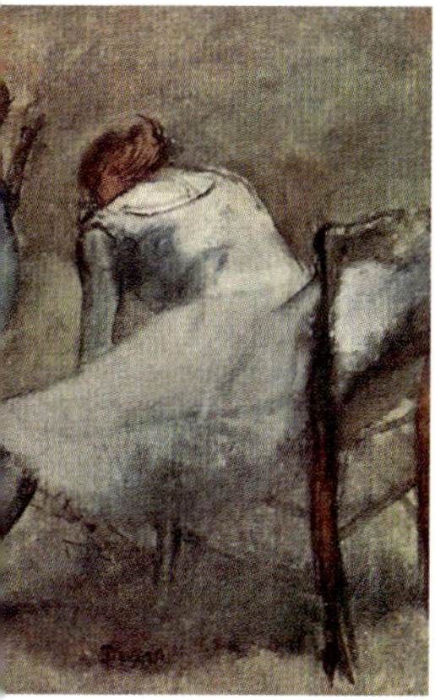

Mitglied der Akademie – Präsident der Secession

EIN ANGEBOT DER AKADEMIE

Seit 1892 weigert sich Liebermann, an der von der Akademie und dem Verein Berliner Künstler ausgerichteten Großen Berliner Kunstausstellung teilzunehmen. Die Abwesenheit des allerorten mit Preisen geehrten Künstlers in der offiziellen Berliner Ausstellung wird zunehmend peinlich. In Venedig erhält er 1896 die Goldene Medaille und das Ritterkreuz des St. Mauritius- und Lazarusordens, in Paris den Orden der französischen Ehrenlegion, den er nach einem anfänglichen Verbot der Preußischen Regierung nun endlich annehmen darf. Als dann im selben Jahr die Große Berliner Kunstausstellung in die Krise gerät und als besonders langweilig kritisiert wird, sehen sich Akademie und Kunstverein genötigt gegenzusteuern. Die Not ist offensichtlich so groß, dass eine neue Ausstellungskommission gebildet wird, deren Mitglieder auf Liebermann zugehen, um ihn für die kommende Ausstellung zu gewinnen. Sie bieten ihm einen eigenen Raum und freie Hand bei der Auswahl der Exponate an, ein Privileg, das sonst nur Inhabern der Großen Goldmedaille zugestanden wird. Liebermann bemerkt in einem Brief lakonisch: „Die hiesige Ausstellung hat mich […] eingeladen, im nächsten Jahr eine Collektiv-Ausst. meiner Sachen zu veranstalten, ähnlich wie Leibl vor 2 Jahren. Ich glaube, das Anerbieten nicht abschlagen zu sollen […]“

> Meine hiesige Ausstellung scheint den Leuten zu gefallen […]. Selbst meine eingefleischten Widersacher unter meinen Collegen zeigen sich höchst impressioniert von meinen Sachen […].
>
> Max Liebermann an den Künstlerkollegen Max Linde, 8. Mai 1897

Das tut er auch nicht. Ab Mai 1897 zeigt er in einer Übersicht seines bisherigen Schaffens 31 Gemälde und Pastelle sowie 30 Grafiken. Besondere Aufmerksamkeit widmet er der Ausstattung des Saals

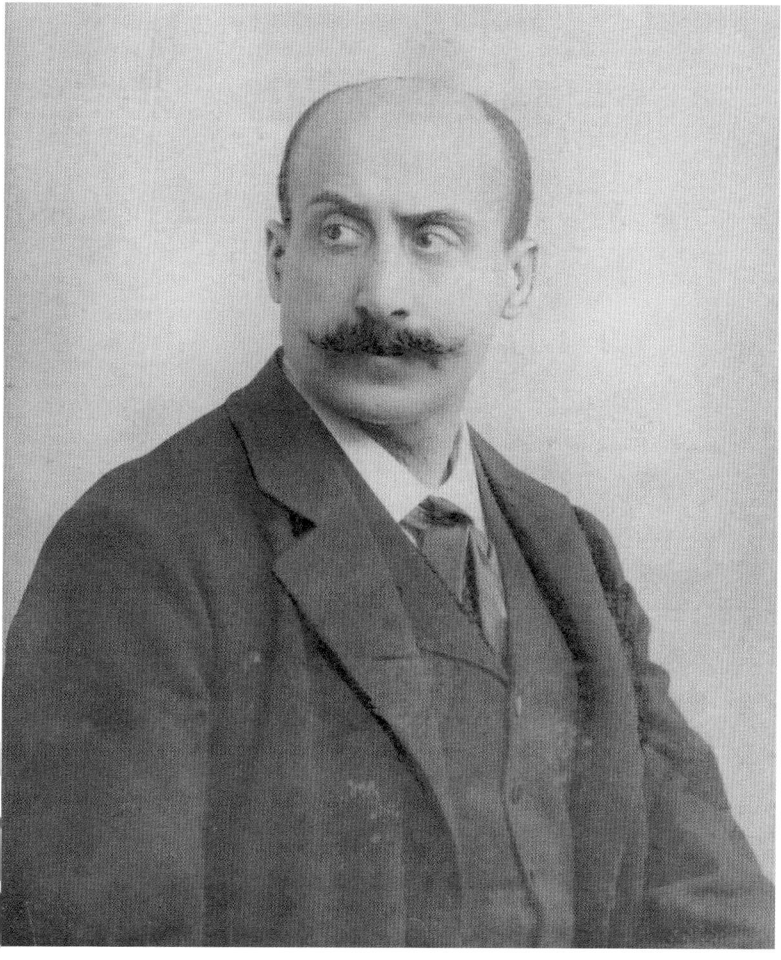

Max Liebermann, 1897, Foto: Leon Alfred Vessel

und der Inszenierung seiner Kunst, welche in der Presse als edel und raffiniert gewürdigt werden: dunkle Holzpaneele, Teppich und gedämpftes Licht. Der Liebermann-Saal ist in dem akademischen Allerlei der 2172 ausgestellten Kunstwerke eine Sensation. Schließlich erhält er sogar die Große Goldene Medaille, wird in die Akademie gewählt und erhält den Professorentitel. Wer hätte das gedacht?

Dass seine Eltern diesen Erfolg in Berlin nicht mehr miterleben können, ist fast ein wenig tragisch. Wie sehr haben sie, insbesondere der Vater, auf seine Auszeichnung in Berlin gehofft, wie lange vergebens darauf gewartet. Seine Mutter ist schon im Jahr 1892 verstorben. Ihren Tod nimmt Liebermann zum Anlass, mit seiner Familie ins Haus am Pariser Platz einzuziehen, um seinem alten Vater nach diesem Verlust beizustehen. Durch den Architekten Hans Grisebach lässt er sich das ganze zweite Stockwerk als Wohnung umbauen. Hier wird er bis zum Ende seines Lebens im Jahr 1935 wohnen. Zwei Jahre nach der Mutter stirbt 1894 auch der Vater, wodurch der Maler zum Miterben eines Millionenvermögens wird, und auch das Haus am Pariser Platz wird ihm übertragen. Dank der testamentarischen Verfügung seines Vaters geht das Gemälde *Die Gänserupferinnen* als Vermächtnis in die Sammlung der Nationalgalerie ein.

GRÜNDUNG DER BERLINER SECESSION

Die Öffnung der Großen Kunstausstellung für die Werke Liebermanns vertreibt aber keineswegs den Muff aus dieser altehrwürdigen Institution. Die fortschrittlichen Kräfte finden hier auch weiterhin keinen Platz. Schon 1898 setzt die erneut mehrheitlich mit konservativen akademischen Kräften besetzte Jury ein Zeichen, indem sie eine große Grunewald-Landschaft von Walter Leistikow zurückweist. Liebermann, der als Professor ebenfalls der Jury angehört, vermag daran nichts zu ändern. Vielmehr muss er feststellen, „dass gerade die etwas künstlerischen Leistungen am wenigsten Gnade vor den Augen der Jury finden“. Leistikows Entrüstung über die offensichtlich von Vorurteilen bestimmte Ablehnung ist so groß, dass er die Kollegen der Vereinigung der XI und ebenso seine Freunde auffordert, den Verein Berliner Künstler zu verlassen, bei dem die „moderne Kunst“ ganz offensichtlich keine Unterstützung findet. Unter der Leitung Liebermanns und Leistikows formiert sich Anfang Mai 1898 eine Gruppe von 65 Dissidenten, die als Bedingung für ihr Verbleiben im Verein Berliner Künstler eigene Räume mit eigener Jury für die kommende Ausstellung fordern. Im Sommer 1898 bildet sich daraus die

> **Gerade jetzt rumort es hier ganz gräulich und was lange in der Luft liegt, scheint sich zum Faktum verdichten zu wollen: die Berliner Secession.**
>
> Max Liebermann an den Maler Fritz Mackensen, 7. Mai 1898

Berliner Secession, eine von Verein und Akademie unabhängige Künstlervereinigung, und Max Liebermann wird zu ihrem Präsidenten gewählt. Als im November klar wird, dass der Akademiepräsident Anton von Werner nicht bereit ist, Liebermann und seinen Kollegen entgegenzukommen, setzen diese alles daran, eine eigene Ausstellung auf die Beine zu stellen und Geldmittel für ein eigenes Ausstellungsgebäude aufzutreiben. Jeder in der Secession beteiligt sich wenigstens mit einer kleinen Summe. Durch Liebermanns gute Kontakte in die Kreise des vermögenden Bürgertums gelingt es, Geldgeber für auf fünf Jahre befristete Anleihen zu gewinnen. In den Vettern Bruno und Paul Cassirer, die kurz zuvor eine Galerie im Tiergartenviertel gegründet haben, findet der Vorstand zwei für zeitgenössische Kunst engagierte sowie geschäftstüchtige Persönlichkeiten, denen die Verwaltung der Secession übertragen wird. Im Auftrag der Secession baut Hans Grisebach auf einem Grundstück an der Charlottenburger Kantstraße in Rekordzeit ein Ausstellungsgebäude mit sechs Sälen, in denen 330 Gemälde, Zeichnungen oder Grafiken sowie 50 Plastiken Platz finden können.

EIN FORUM FÜR DIE FORTSCHRITTLICHE KUNST

Die Wände sind noch feucht, als am 20. Mai 1899 in Anwesenheit des Oberbürgermeisters von Charlottenburg mit einer Rede von Max Liebermann die Eröffnung gefeiert wird. Im Bestreben, mit der ersten Ausstellung eine Übersicht über die moderne Kunst in Deutschland zu geben, nehmen Liebermann und Leistikow Kontakt zu anderen secessionistischen Gruppen auf und laden Künstler aus München, Dresden, Karlsruhe, Stuttgart, Frankfurt und Worpswede ein, sich an der Schau zu beteiligen. Liebermann selbst ist mit vier Gemälden und

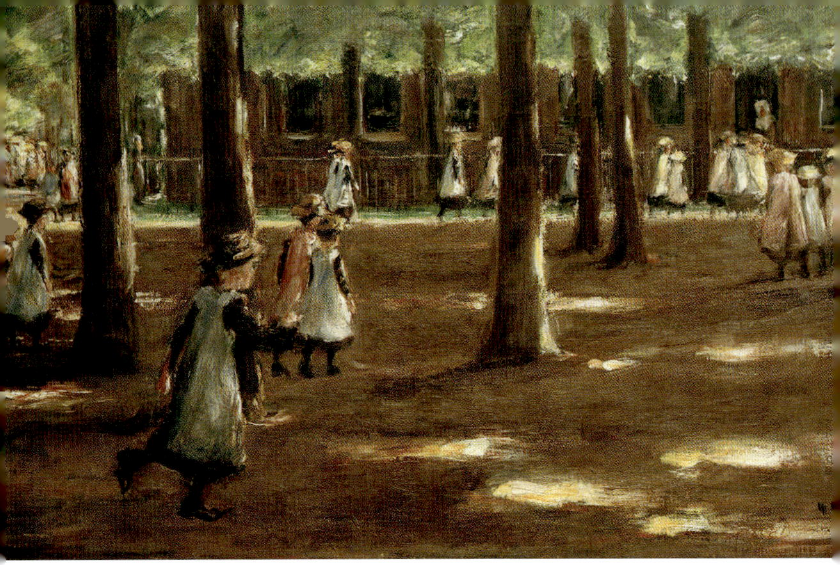

Schulgang in Laren – 1. Fassung, 1898, Öl auf Leinwand, 59 × 94 cm, Privatsammlung

vier Pastellen beteiligt, darunter *Schulgang in Laren* von 1898. In seiner Eröffnungsrede betont er: „Für uns gibt es keine alleinseligmachende Richtung in der Kunst, sondern als Kunstwerk erscheint uns jedes Werk, welcher Richtung es angehören mag, in dem sich eine aufrichtige Empfindung verkörpert." Die öffentliche Resonanz auf die Ausstellung ist überwältigend. Die präzise Auswahl der Exponate, die außergewöhnlich hohe künstlerische Qualität und die gute Präsentation ziehen viele Besucher an und treffen genau den Geschmack der vermögenden Sammler. Ein Viertel der Werke findet einen Käufer, sodass die Secession mit der Rückzahlung des aufgenommenen Geldes beginnen kann.

Im folgenden Jahr zeigt die Berliner Secession Werke der französischen Maler Monet, Auguste Rodin, Paul Cézanne, Sisley und Pissarro und macht damit deutlich, dass sie sich auch als Ort für die Begegnung mit der internationalen Moderne versteht. Der französische Impressionismus hat in Kaiser Wilhelm II. einen erklärten Gegner. Der Monarch lehnt den ausländischen Stil wegen der in seinen Augen bedrohlichen „undeutschen" Modernität strikt ab und sorgt persön-

Aber een Anarchist ist der Kerl doch.

Kaiser Wilhelm II. über Max Liebermann, nach der Biografie von Hans Ostwald 1930

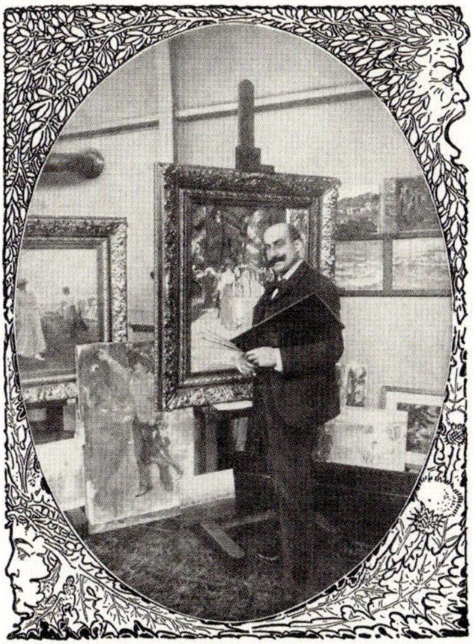

Max Liebermann im Atelier, um 1902

lich dafür, dass die ehrwürdigen deutschen Akademiker in der Nationalgalerie nicht durch die „welschen" Maler ersetzt werden, die der neue Direktor Hugo von Tschudi ankauft. Angesichts der Impressionismus-Ausstellung in der Secession muss der Kaiser feststellen, dass die seitens staatlicher Institutionen wie der Akademie ausgeübte Hegemonie über das Berliner Ausstellungswesen verloren ist, und das ausgerechnet durch Max Liebermann. Über Jahre hat er die öffentliche Anerkennung dieses Malers nach Kräften behindern lassen, der für ihn der herausragende Vertreter jenes verabscheuungswürdigen Realismus ist, der in den „Rinnstein niedersteigt" und das Elend noch scheußlicher darstellt, als es ohnehin ist.

GEGEN AKADEMIE UND KAISER

Unter dem Präsidenten Liebermann profiliert sich die Secession als Forum einer fortschrittlichen Kunst, die sich entsprechend seinem Diktum „Die gutgemalte Rübe ist ebenso gut wie die gutgemalte Madonna" von der Forderung nach der Darstellung idealer Schönheit ebenso distanziert wie von der Verpflichtung auf erhebende Themen biblischen oder patriotischen Inhalts. Sie positioniert sich damit

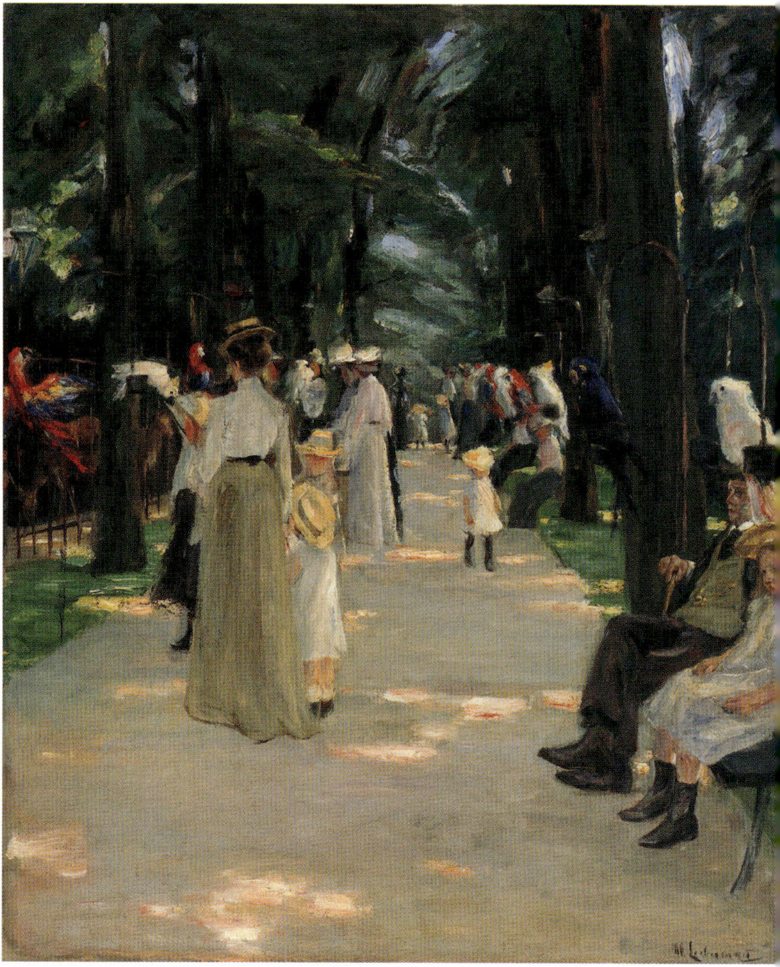

Papageienallee, 1902, Öl auf Leinwand, 88,1 × 72,5 cm, Kunsthalle Bremen

Dargestellt ist die berühmte Allee des Amsterdamer Zoos, die sich wie in anderen zoologischen Gärten direkt am Eingang befand, um die Besucher auf das besondere Erlebnis exotischer Tiere einzustimmen. Das Bild ist ein harmonischer Zusammenklang aus Licht und Farbe, ein Paradestück des Impressionismus.

gegen die vom Kaiser geförderte akademische Malerei und ihre Institutionen und stellt zugleich ein bürgerliches Statement für die Unabhängigkeit der Kunst von Beeinflussung und Förderung durch den Staat dar. Binnen kurzer Zeit entwickelt die Secession eine solche Strahlkraft, dass es gelingt, zwei prominente Mitglieder der Münchner Secession, Max Slevogt und Lovis Corinth, abzuwerben und nach Berlin zu holen. Berlin ist damit auf dem besten Wege, München den Rang als Kunsthauptstadt abzulaufen. Die Vorbereitungen der jährlichen Ausstellungen bringen für Liebermann viel organisatorische Arbeit mit sich. Er korrespondiert intensiv mit Künstlerkollegen, um sie für eine Ausstellungsbeteiligung zu gewinnen, leistet Pressearbeit für die Secession und versucht, bei den zahlreichen Differenzen innerhalb der Vereinigung zu vermitteln. Seine regelmäßigen Studienreisen nach Holland setzt er trotzdem fort. Es entstehen Werke wie die *Papageienallee*, eines der bekanntesten Gemälde des Meisters.

Als Präsident der Secession wird Liebermann zur idealen Zielscheibe der konservativen Kritik. Er wird als „Kunstpapst" tituliert, ihm wird unterstellt, es ginge ihm nur ums Geschäft, und eine von vielen Karikaturen verspottet ihn, mit Davidstern als jüdischen „Secessionswirth" gekennzeichnet: „Hier wird nur Impressionismus verzapft!" Er muss sich gegen die Anwürfe des Kunsthistorikers Henry Thode zur Wehr setzen, der in seinen Heidelberger Vorlesungen die Berliner Secession als Verderberin der deutschen Kunst verleumdet und Liebermanns Kunst mit völkischem Unterton sowohl die Originalität als auch das Deutschsein abspricht. Ab 1906 kommt die zunehmende Unzufriedenheit der jungen, dem Expressionismus zuneigenden Mitglieder der Secession hinzu, die 1910 in schweren öffentlichen Anwürfen Emil Noldes gipfelt und zur Abspaltung der Neuen Secession führt. Kurz darauf tritt Liebermann vom Amt des Präsidenten zurück. Die große Zeit der Berliner Secession ist vorbei.

Das Sommerhaus am Wannsee

INSPIRATION ELBCHAUSSEE

Im Sommer 1902 malt Liebermann im Auftrag der Hamburger Kunsthalle die *Lindenterrasse des Hotel Louis Jacob*. Im Juli kommt er in die Hansestadt und mietet sich in dem Haus ein, das Restaurant und Hotel zugleich ist. Auf der Terrasse mit dem fabelhaften Blick über die Elbe fertigt er zahlreiche Zeichnungen und Studien, die zur Grundlage für die endgültige Komposition werden, die ebenfalls vor Ort entsteht. Darin zeigt er das beliebte Ausflugslokal mit den weißen Tischen und Stühlen unter den gestutzten Linden. Das helle Sonnenlicht bricht durch das Blätterdach und erzeugt auf dem mit Kies bestreuten Boden und den gedeckten Tischen eine Vielzahl impressionistisch aufgefasster Lichtreflexe. Die Szene ist belebt von

Restaurant Jacob an der Elbe, 1902, Öl auf Leinwand, 70 × 100 cm, Hamburger Kunsthalle

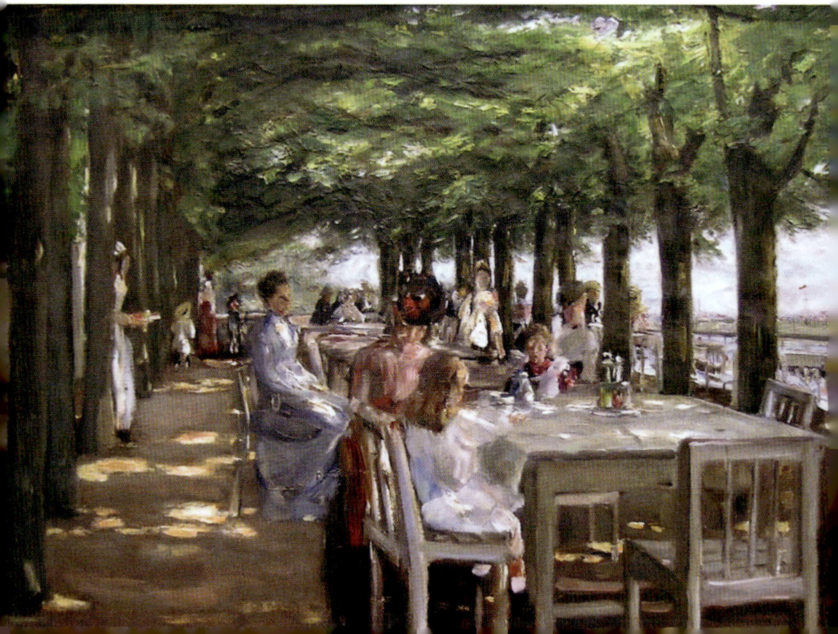

Sommergästen, die einzeln oder in Gruppen an den Tischen sitzen. Durch das Arrangement der Figuren und die Wiedergabe des Sonnenlichts wird der strenge räumliche Aufbau aufgelockert und die Komposition in ein lebendiges, sommerliches Stimmungsbild verwandelt, das heute zu den Meisterstücken in der Sammlung der Hamburger Kunsthalle gehört. Von seinem Hotel aus unternimmt Liebermann zusammen mit Freund Lichtwark Spaziergänge in der näheren Umgebung und lernt die vornehmen klassizistischen Landhäuser mit ihren blühenden Gärten kennen. Diese Begegnung lässt seinen schon lange gehegten Wunsch nach einem eigenen Haus im Grünen zum Plan reifen.

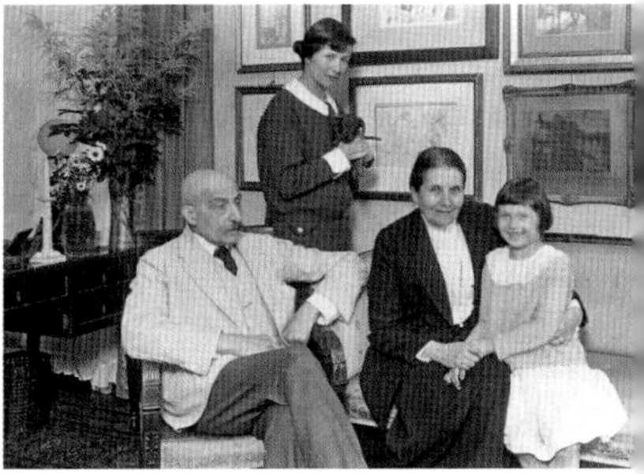

Max Liebermann mit Ehefrau Martha, Tochter Käthe und Enkelin Maria in seiner Wannsee-Villa, 1924

Durch den Rückenwind der Secession ist Liebermann um 1909 mit seiner Kunst kommerziell so erfolgreich, dass er an die Umsetzung dieses Plans denken kann. In diesem Jahr kauft er das letzte freie Wassergrundstück in der Villen-Colonie Alsen am Wannsee. Als Miterbe eines Millionenvermögens hätte er sich ein Haus im Grünen, wie es im gehobenen Bürgertum damals Mode ist, schon früher leisten können. Dennoch wartet Liebermann so lange damit, bis er sich diesen Wunsch mit selbst verdientem Geld erfüllen kann. Das ist ihm wichtig. Jedenfalls weist er mit großem Stolz wiederholt darauf hin, dass er sich sein Haus am Wannsee mit seinen eigenen zehn Fingern „ermalt“ hat. Nur anderthalb Jahre seien nötig gewesen, um die Summe durch den Verkauf von Bildern zusammenzubringen. „Hätte ich das von meinem Vater geerbt“, pflegt er zu sagen, „so würde es mir längst nicht so viel Vergnügen machen.“ Damit ist die Villa am Wannsee der sichtbare Beweis für den wirtschaftlichen Erfolg des Malers Max Liebermann, den ihm keiner in seiner Familie zugetraut hat.

Die Liebermann-Villa: Künstlerhaus, Museum, Garten

1909 lässt Max Liebermann ein Sommerhaus am Wannsee bauen, das er stolz sein „Schloss am See" nennt. Hier findet er die nötige Ruhe vom Betrieb der Großstadt und die entscheidenden Motive für sein künstlerisches Spätwerk. Mehr als 200 Gemälde entstehen in dem nach eigenen Ideen gestalteten, fast 7000 Quadratmeter großen Garten. Von 1914 bis zu seinem Lebensende verbringt der Künstler dort regelmäßig die Sommermonate. Das einmalige Ensemble wird nach seinem Tod über 60 Jahre lang für unterschiedliche Zwecke genutzt, umgebaut und teilweise zerstört. 1940 zwingen die Nationalsozialisten die Witwe des Malers, das Haus an die Deutsche Reichspost zu verkaufen. Nach dem Krieg erhalten die Erben das Haus zurück und verkaufen es an das Land Berlin. Es ist zunächst Krankenhaus, bis es 1971 an einen Tauchclub verpachtet wird, der es 30 Jahre lang als Vereinsheim nutzt. Nach langen Kämpfen erreicht die 1995 gegründete Max-Liebermann-Gesellschaft Berlin, dass das kulturhistorisch bedeutende Ensemble für eine museale Nutzung frei wird. Als die Gesellschaft das Anwesen 2002 übernimmt, sind Haus und Garten in einem beklagenswerten Zustand. Die stärksten

Oben: Liebermann-Villa mit Staudengarten, 2012, Foto: Christoph Adam

Unten: Liebermann-Villa von der Seeseite, 2010, Foto: Liebermann-Villa

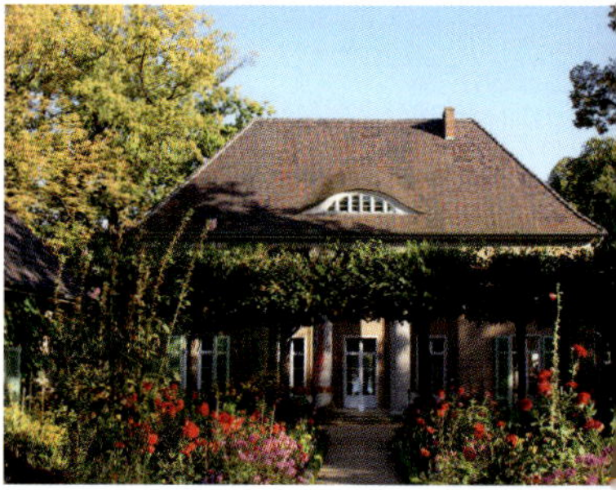

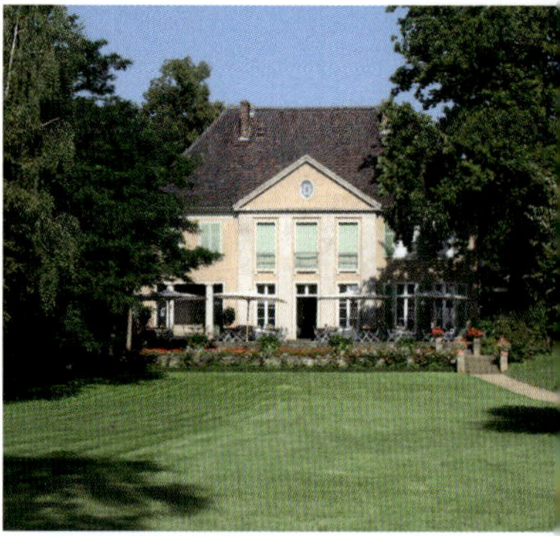

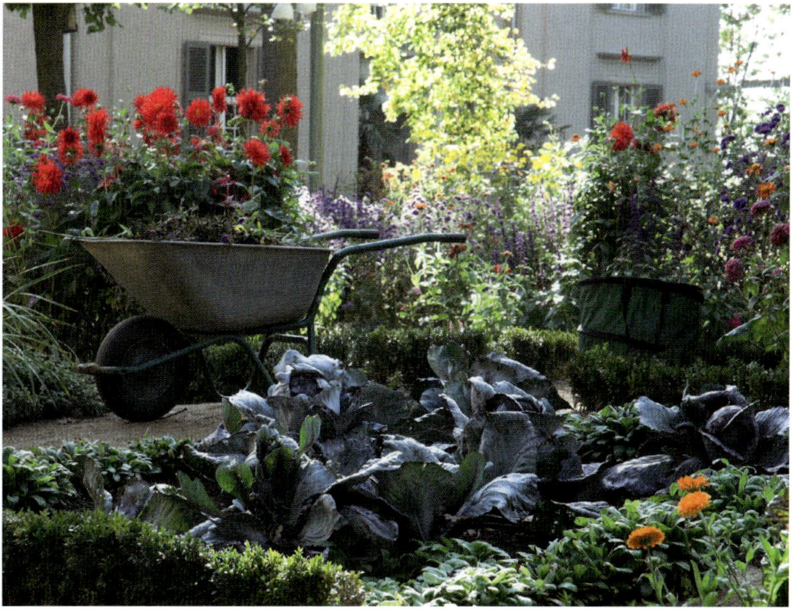

Stauden- und Gemüsegarten der Liebermann-Villa, Foto: Liebermann-Villa

Verluste sind im Garten zu verzeichnen: Dort, wo ehemals der wohlproportionierte Formgarten die Augen erfreute, sind nun eine ungegliederte Rasenfläche, ein Parkplatz und wild gewachsene Fichten zu sehen. In den Jahren 2002 bis 2006 kann die Liebermann-Villa dank großzügiger Spenden von Privatpersonen und Stiftungen gerettet werden. Das Haus wird restauriert und zum Museum umgebaut, der Garten auf der Grundlage von Gemälden und alten Fotografien rekonstruiert. Heute erstrahlt das gesamte Anwesen wieder in alter Pracht. Die Villa ist als Museum für die Öffentlichkeit zugänglich. Im Mittelpunkt der Ausstellungstätigkeit stehen die am Wannsee entstanden Bilder. Dies gibt den Besuchern die einmalige Möglichkeit, das historische Gesamtkunstwerk aus Malerei, Architektur und Gartenkunst zu erleben. Mit wechselnden Liebermann-Ausstellungen und 80 000 Besuchern pro Jahr gehört die Liebermann-Villa heute zu einem der bemerkenswertesten Museen in Berlin.

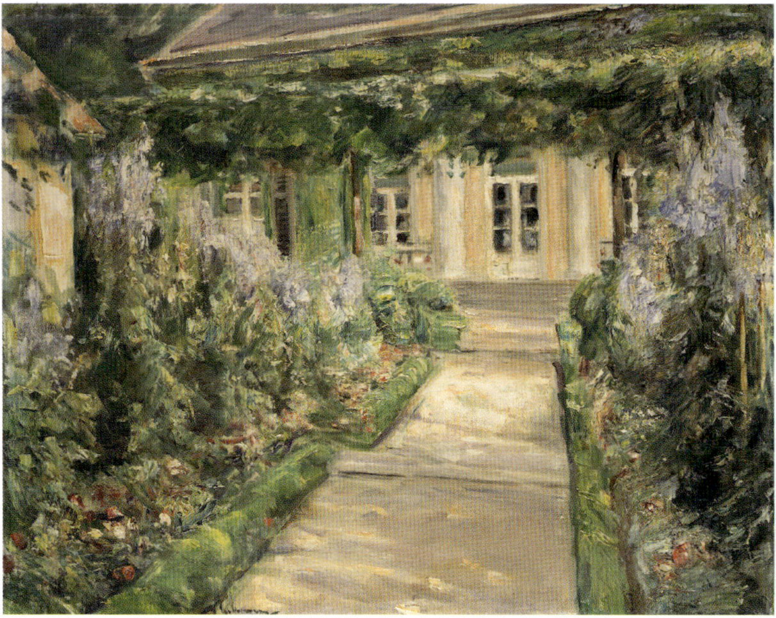

Blick auf das Landhaus mit Blumenstauden am Gärtnerhaus, um 1930, Öl auf Leinwand, 73 x 92 cm, Nachlass Gretchen Whitman

HAUSBAU UND GARTENANLAGE

Mit dem Bau des Hauses beauftragt Liebermann den Architekten Paul Baumgarten, der bereits die Villa auf dem Nachbargrundstück erbaut hat. Als Bauherr hat der Künstler ganz konkrete Vorstellungen. Sein Haus soll aussehen wie die klassizistischen Landhäuser, die er an der Elbchaussee gesehen und gezeichnet hat; darunter haben ihm jene der Familien Godeffroy und Wesselhöft am besten gefallen. Das hohe Walmdach lässt er nach dem Vorbild von Goethes Weimarer Gartenhaus bauen. Das Ergebnis ist ein wohldurchdachtes Haus, das sich mit seiner zurückhaltenden klassizistischen Architektur vom protzigen Villenstil des Kaiserreichs deutlich absetzt.

Die Idee von einem Haus im Grünen ist bei Liebermann von Anfang an mit dem Wunsch nach einem großen Garten verknüpft. An der Gartengestaltung nimmt Alfred Lichtwark, der auch ein einfluss-

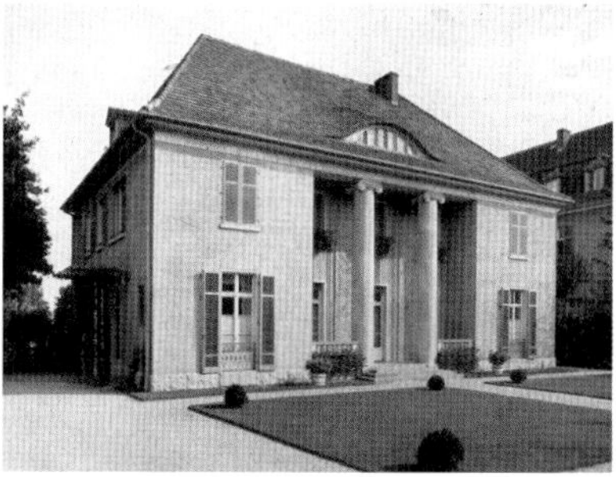

Sehen Sie sich mal mein ‚Schloss' am See an, übermütig sieht's nicht aus (wie Lehnbach's oder Stuck's Paläste), aber ich glaube, dass es nach mir aussieht.

Max Liebermann an den Redakteur des *Berliner Abendblatts* Fritz Stahl, 25. Juli 1922

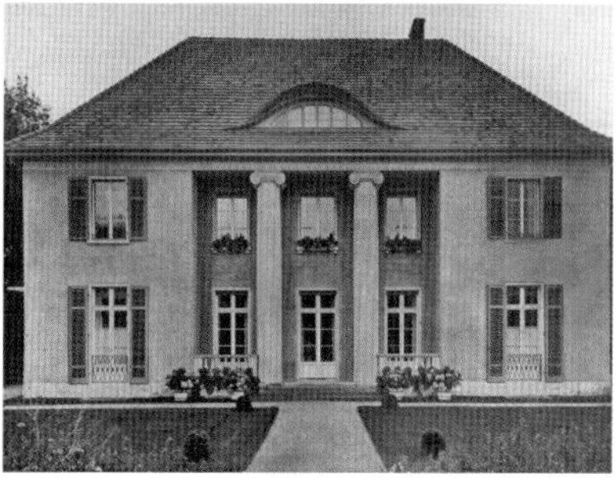

Die Frontseite der Liebermann-Villa, 1911

reicher Gartenreformer ist, entscheidenden Anteil. Bei regelmäßigen Treffen in Berlin und in ausführlichen Briefen diskutierten die Freunde alle Details der Anlage: die Aufteilung des Grundstücks und den Verlauf der Wege ebenso wie die Positionierung des Brunnens oder die Bepflanzung der Beete. Vor dem Haus lässt Liebermann nach bäuerlichem Vorbild einen Stauden- und Nutzgarten anlegen. In lang gestreckten, buchsgerahmten Beeten links und rechts eines geraden Weges, der auf eine weiße Bank zuführt, leuchtet hier ein üppiges Blütenmeer von Stockrosen, Dahlien, Salvien und Kosmeen. Dahinter wachsen in regelmäßigen Reihen Rotkohl, Kartoffeln und Bohnen. Zum Vorplatz vor dem Haus ist dieser Gartenbereich durch eine kastenförmig geschnittene Lindenhochhecke abgegrenzt. Im Gegensatz zu diesem bäuerlichen Eindruck bietet sich auf der Rückseite der Villa, die dem See zugewandt ist, ein völlig anderer Gartencharakter. Von der mit rot leuchtenden Geranien bepflanzten Blumenterrasse schweift der Blick über die große Rasenfläche bis zu einem weißen Teepavillon am Wannseeufer. Während auf der rechten Seite

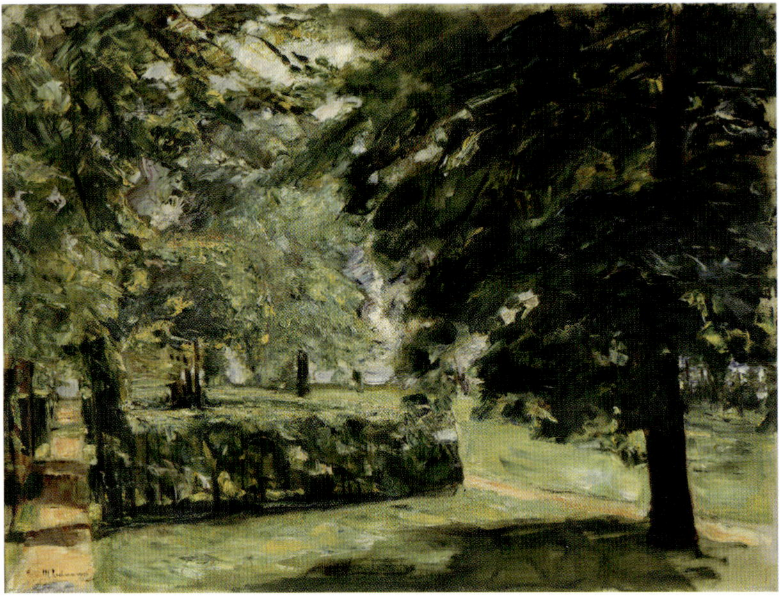

Parklandschaft (Die Heckengärten in Wannsee nach Osten), 1924, Öl auf Leinwand, 71 × 94 cm, Galerie Neue Meister, Staatliche Kunstsammlungen Dresden

ein kleines Wäldchen von Birken den Rasen säumt, begleitet auf der linken Seite eine Abfolge von **Heckengärten*** den zum Wasser führenden Weg.

LIEBERMANNS GARTENBILDER

Der Künstler gestaltet seinen Garten ursprünglich nicht mit der Absicht, darin zu malen. Erst als 1914 der Ausbruch des Ersten Weltkrieges ihn daran hindert, seine jährlichen Studienreisen nach Holland fortzusetzen, entdeckt er ihn als Motiv für seine Kunst. Die Blumen-

---

* **HECKENGÄRTEN** *Max Liebermann gestaltet in seinem Garten am Wannsee drei durch Hainbuchenhecken abgetrennte Gartenräume. Sie sind durch unterschiedliche geometrische Grundrisse definiert: Die erste ist mit einem Karree aus Linden bepflanzt, die zweite durch ein ovales Rasenstück geprägt und die dritte über einem kreuzförmigen Wegegrundriss als Rosengarten angelegt.*

terrasse mit ihren geometrischen, in die Rasenfläche eingelassenen Geranienbeeten, ist das erste Gartenmotiv, das Liebermann malt. Ihr folgen eine erste Fassung der berühmten *Gartenbank* und weitere Ansichten der Blumenterrasse. Mit dem Blick über die große Rasenfläche, Einblicken in die Heckengärten und Bildern des Birkenweges erschließt er sich nach und nach alle Bereiche seines Gartens. Immer wieder sind es aber die blühenden Stauden am Gärtnerhaus und der Blick durch den Staudengarten auf den Eingang der Villa, denen Liebermann sich in seiner Malerei widmet. Stets fasst er den Garten dabei als architektonisch gestalteten Naturraum auf und vermeidet es, einzelne Blumenpartien aus der Nahsicht wiederzugeben. Mit pastosem Pinselstrich, Spachtel und einer farbkräftigen Palette gibt er den vielfältigen, flüchtigen Impressionen des Gartens, der ihn umgibt, künstlerische Form: dem üppigen Blütenmeer der Beete, dem komplementären Kontrast zwischen dem Rot der Geranien und dem Grün der Rasenfläche, den Sonnenflecken auf dem Kiesweg unter den Birken oder den Reflexen des Morgenlichts auf den dunklen Hainbuchenhecken. Bis zu seinem letzten Aufenthalt am Wannsee im Sommer 1934 schafft Liebermann über 200 Gartengemälde und ungezählte Pastelle nach Motiven aus seinem eigenen Garten. Sie gehören heute zu den besten Werken des deutschen Impressionismus.

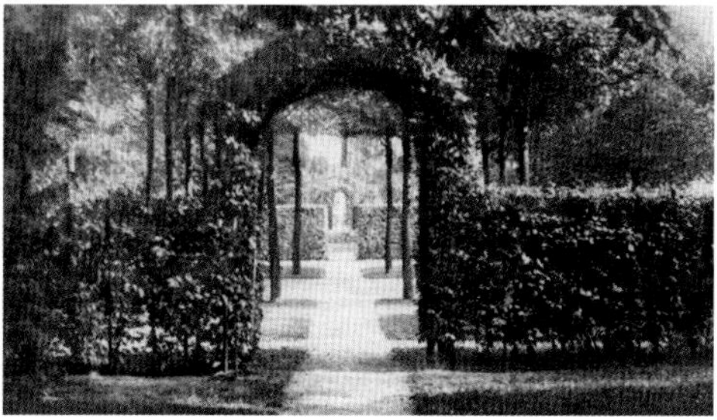

Blick durch die Heckengärten, 1927, Foto: S. Frank

Folgende Doppelseite: **Die Gartenbank**, 1916, Öl auf Leinwand, 71 × 86 cm, Staatliche Museen zu Berlin, Nationalgalerie

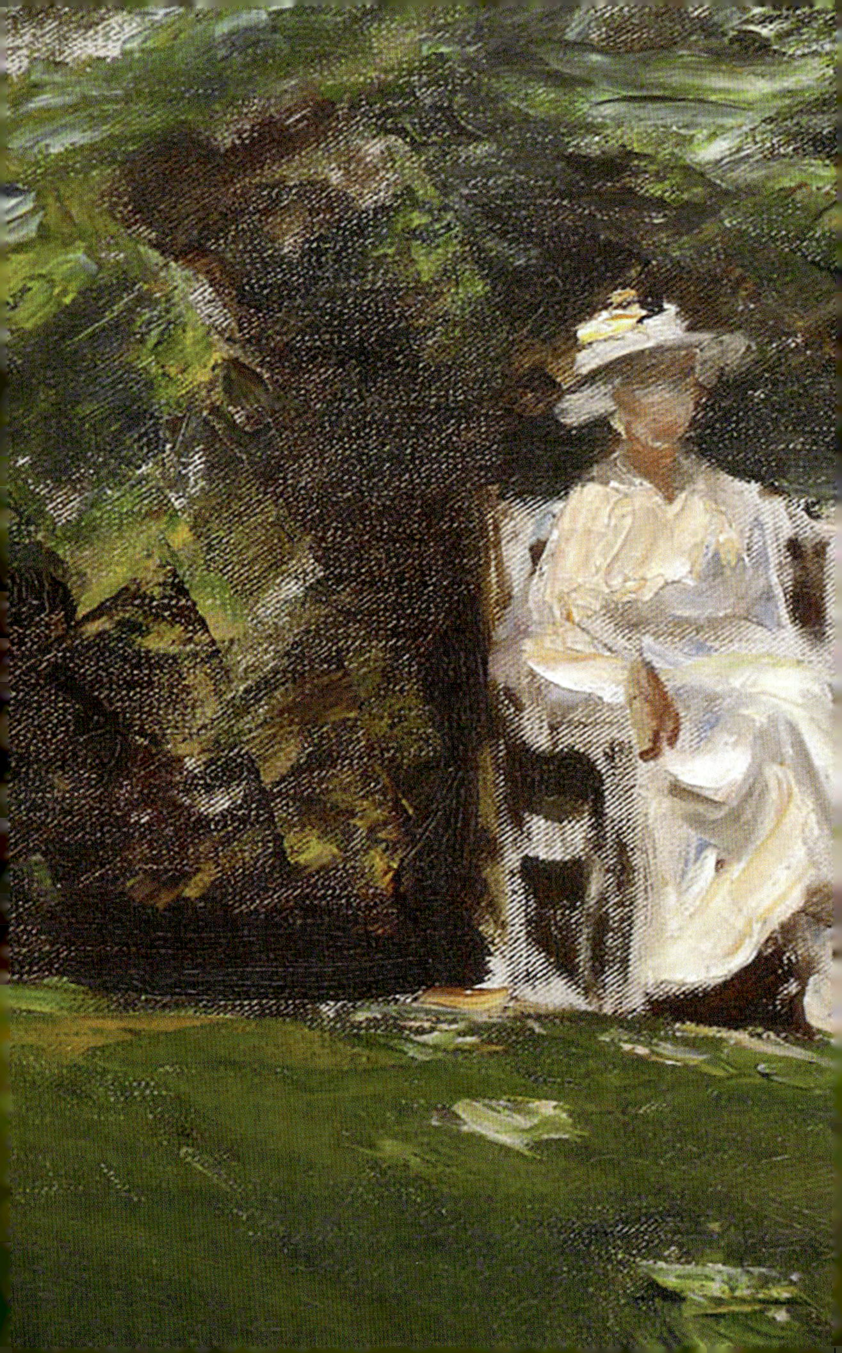

Große Ehrungen und ein tragisches Ende

NACH DEM ERSTEN WELTKRIEG

Mit 73 Jahren ist es für Liebermann eigentlich längst an der Zeit, sich zur Ruhe zu setzen. Er hat alles erreicht. Er ist national und international als einer der bedeutendsten deutschen Künstler anerkannt. Erst drei Jahre zuvor hat ihm die Akademie der Künste eine umfangreiche Retrospektive mit Katalog gewidmet. Über viele Jahre hat er der konservativen Kunstpolitik die Stirn geboten und maßgeblich dazu beigetragen, dass Berlin als Kunsthauptstadt Deutschlands dasteht. Die Avantgarde ist mittlerweile weit über die Bastionen seiner Secession vorgerückt: Kubismus, gegenstandslose Kunst und Dada sind die neue Moderne. In die **Novembergruppe*** würde er wirklich nicht passen. Die Zeit der Kämpfe ist an sich vorbei, weshalb er sich, wie es einem Mann in seinem Alter zusteht, um seinen Garten kümmert, in dem er seine 1917 geborene Enkelin aufwachsen sieht. Aber die Zeiten sind schwierig, und das Deutsche Reich liegt nach dem verlorenen Krieg wirtschaftlich am Boden. Der Zusammenbruch prägt das Berlin dieser Jahre, das Liebermann als „zerlumpt“

> Ich habe während meines langen Lebens mit allen meinen Kräften der deutschen Kunst zu dienen gesucht.
>
> Max Liebermann, Austrittserklärung an den Staatssekretär der Preußischen Akademie der Künste, 7. Mai 1933

---

* *Die* **NOVEMBERGRUPPE** *war eine im Dezember 1918 in Berlin gegründete Künstlervereinigung. Der Name der Gruppe verweist auf die Novemberrevolution, die sich einen Monat zuvor ereignet und zum Sturz der Monarchie im Deutschen Reich geführt hatte. In dieser Gruppe schlossen sich moderne Maler, Architekten und Bildhauer zusammen, die sich selbst als radikal und revolutionär bezeichneten.*

und „schmutzig“ beschreibt: „[...] abends dunkel u[nd] eine todte Stadt dazu Soldaten, die Streichhölzer und Cigaretten in der Friedrichstr. oder unter den Linden verkaufen; blinde Drehorgelspieler in halbverfaulten Uniformen, mit einem Worte jammervoll“, schreibt er am 29. Januar 1919 an den Kunsthistoriker Max Lehrs. Auch die reaktionäre Königliche Akademie der Künste, die stets kulturpolitisch als verlängerter Arm des Kaisers agierte, ist am Ende.

INTEGRATIONSFIGUR GESUCHT

Im sozialdemokratisch geführten Kultusministerium wird nach dem Ende des Krieges darüber diskutiert, die Akademie als unzeitgemäß abzuschaffen. Als die Sektion für bildende Kunst zu Zugeständnissen bereit ist und moderne Künstler wie Ernst Barlach, Lovis Corinth, Georg Kolbe, Käthe Kollwitz und Wilhelm Lehmbruck als Mitglieder aufnehmen will, entscheiden sich die neuen politischen Kräfte schließlich dafür, sie zu reformieren und als Preußische Akademie der Künste in die Weimarer Republik zu übernehmen. Gesucht ist nun eine anerkannte Persönlichkeit aus dem Bereich der Kunst mit Leitungserfahrung, der es mit starker Hand gelingt, die widerstreitenden Kräfte zu integrieren und Loyalität mit der neuen Regierung zu demonstrieren. Die strategisch kluge Wahl des Akademischen Senats fällt auf Max Liebermann. Als anerkannter Berliner Künstler soll er der Institution zu neuem Schwung verhelfen. Eine große Ehre – aber auch eine Herausforderung, der sich Liebermann mit preußischem Pflichtbewusstsein stellt. Und so wird der einst vom Kaiser als „Rinnsteinmaler“ und „Anarchist“ beschimpfte Maler zum Präsidenten der höchsten Kunstinstitution. Ironie der Geschichte.

Schon in der ersten Herbstausstellung unter seiner Ägide ist Liebermanns Richtung deutlich zu erkennen. Er öffnet die Akademie für die nachfolgende Künstlergeneration und macht sie zum Forum für aktuelle Kunstdebatten. Als zum Beispiel Otto Dix’ Werk *Der Schützengraben* wegen der unheroischen Darstellung des Krieges angefeindet und sein Ankauf für das Wallraf-Richartz-Museum durch

Die mangelnde Akzeptanz seiner Malweise führt dazu, dass Liebermann erst spät zum Porträtisten wird. Wer will sich schon von einem Künstler malen lassen, der als Apostel der Hässlichkeit verschrien ist? Zwar sieht sein Freund, der Direktor der Hamburger Kunsthalle Alfred Lichtwark, in ihm schon 1893 den „Bildnismaler der Nation". Doch ist dieser Titel kaum mehr als Ausdruck der Hoffnung auf eine bessere Zukunft, denn gerade in dieser Zeit steht Liebermann wegen des Porträts des Hamburger Bürgermeisters Petersen sehr in der Kritik. Der Bürgermeister, den Liebermann 1891 malt, ist mit der naturalistischen Darstellung so unzufrieden, dass er über Jahre verbietet, das Bildnis öffentlich zu zeigen. Die Petersen-Affäre ist maßgeblich dafür verantwortlich, dass Porträtaufträge vorerst weitgehend ausbleiben. Noch als 1904 der Kaiser-Friedrich-Museumsverein in Berlin ein Bildnis des Museumsdirektors Wilhelm von Bode in Auftrag geben will, zögert der Vorstand, bei Liebermann anzufragen, obwohl es der ausdrückliche Wunsch Bodes ist. Das ändert sich mit der wachsenden Popularität des Künstlers. Ein wichtiger Impuls hierfür sind 1905 die Aufträge der Hamburger Kunsthalle für zwei Porträts und für ein großes Gruppenbildnis. Die Kunsthalle lässt Liebermann den Theaterdirektor Baron Alfred von Berger, den Naturforscher

Bürgermeister Carl Friedrich Petersen, 1891,
Öl auf Leinwand 206 × 119 cm, Hamburger Kunsthalle

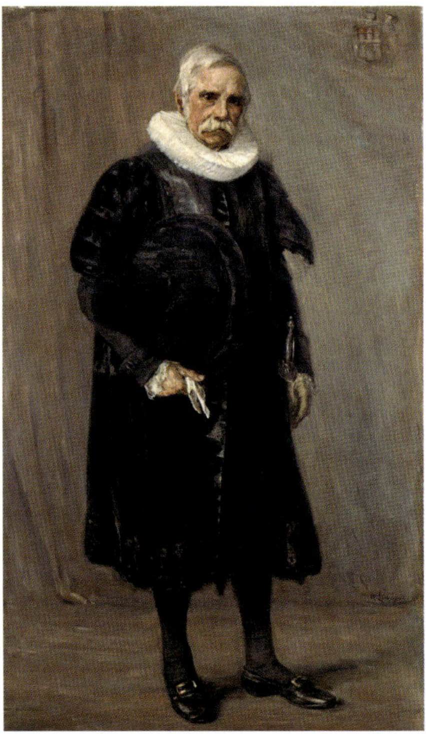

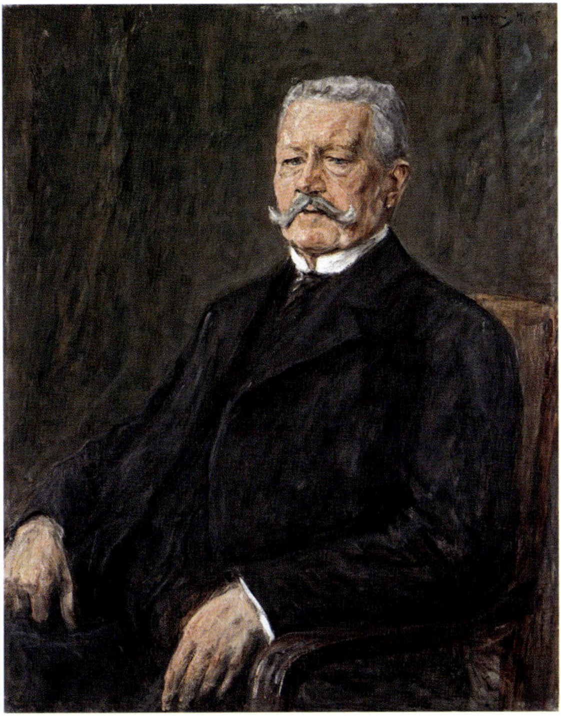

Bildnis Paul von Hindenburg, 1927, Öl auf Leinwand
121,2 × 97 cm, Landesmuseum Hannover

Dr. Hermann Strebel sowie eine Sitzung des Hamburgischen Professorenkonvents malen. Innerhalb weniger Jahre avanciert Liebermann zum gefragten Porträtmaler der Berliner Gesellschaft. Justizräte, Bankiers, Dichter, Verleger, Industrielle, Wissenschaftler, Militärs und Politiker lassen sich von ihm darstellen. Man schätzt seinen pastosen, auf markante Gesichtszüge konzentrierten Stil, der sich indessen deutlich mehr für das Herrenbildnis als für die Wiedergabe weiblicher Anmut eignet. Schon bald erhält Liebermann mehr Aufträge, als ihm lieb ist, sodass er durch hohe Preisforderungen versucht, die Nachfrage einzudämmen. Mit geringem Erfolg. Eines seiner berühmtesten Porträts ist das Bildnis des Reichspräsidenten Paul von Hindenburg, das 1927 im Auftrag des Magistrats der Stadt Hannover entsteht.

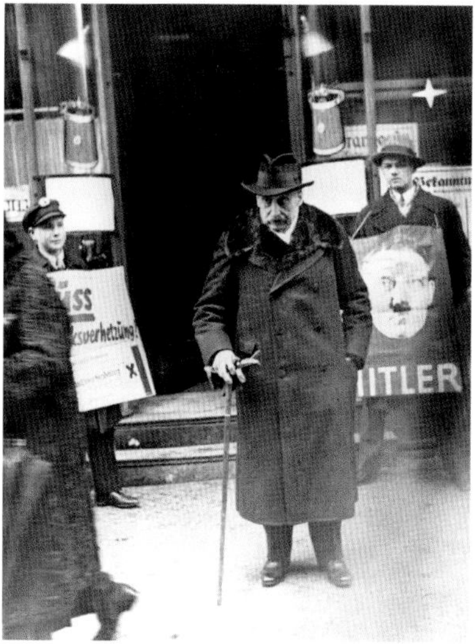

Reichspräsidentenwahl 1932 – Max Liebermann verlässt am 13. März das Wahllokal

den Kölner Oberbürgermeister Konrad Adenauer gestoppt wird, nimmt Liebermann das Werk in die Akademieausstellung auf und sorgt damit für Aufsehen. Er bezeichnet das Bild als eines der bedeutendsten Werke der Nachkriegszeit und fördert es, obwohl es völlig konträr ist zu seiner eigenen Vorstellung von Kunst. Im Bewusstsein seiner Aufgabe einer Erneuerung der Akademie stellt er die eigenen künstlerischen Maßstäbe hintan und fördert qua Amt die Künstler des Expressionismus und der **Neuen Sachlichkeit***. Das gelingt vornehmlich über die Ausstellungen der Akademie. Viel schwieriger ist die Reformierung der Mitgliedschaft, denn die reaktionäre Mehrheit in der Akademie blockiert die Aufnahme fortschrittlicher Künstler. Daher werden nahezu alle Wahlen zu Machtproben. Vergeblich versucht Liebermann immer wieder, Oskar Kokoschka, Otto Dix, Max Beckmann und Karl Schmitt-Rottluff in die Akademie zu berufen. Von der völkischen Presse wird der neue Akademiepräsident angefeindet, die Institution als „verjudet" beschimpft.

EIN ÖFFENTLICHER KOPF

Trotz antisemitischer Anwürfe wird Liebermann im Laufe der 1920er-Jahre zum Aushängeschild der Berliner Kulturpolitik und zum echten „Promi" im heutigen Sinne. Er ist reich, international berühmt, ein

---

* *Die* **NEUE SACHLICHKEIT** *war eine Stilrichtung der 1920er-Jahre, die sich mit der Technik altmeisterlicher Ölmalerei den Motiven der modernen Großstadt und des sozialen Elends widmeten.*

Max Liebermann ist wie ein Felsblock im Meer, die Wellen der Brandung fluten drüber hin, fluten wieder zurück, bedecken ihn anscheinend auch manchmal, geben ihn gleich wieder frei und der Felsblock bleibt unverändert in seiner Gestaltung und Haltung. Der Galerist Paul Cassirer über Max Liebermann, nach der Biografie von Hans Ostwald, 1930

Held glorreicher Kunstkämpfe der Vergangenheit, authentisch und – was dem im Herzen rebellischen Berliner am besten gefällt – unbeugsam gegenüber Autoritäten. Er ist zu Lebzeiten schon fast eine Legende, und es beteiligen sich viele, an dieser Legende mitzuschreiben. Dabei ist Liebermann eigentlich keiner, der große Gesellschaften liebt oder besonders gesellig wäre. Stets hielt und hält er die Menschen auf Distanz und verschanzt sich hinter der Fassade seines förmlichen Auftretens. Er gibt sich, so zeigen es auch seine Selbstporträts, als einflussreichen Macher der obersten Gesellschaftsschicht, wie ein Bankier oder Fabrikant stets im korrekten dunklen Anzug gekleidet. Aus seinem selbstbewussten, leicht abschätzigen Blick spricht der Standesdünkel des erfolgreichen Bourgeois. Er brilliert mit Witz und schlagfertigen Kommentaren, die nicht selten eine Schärfe haben, die den Gesprächspartner verstummen lässt. Sie sind der Wortwahl nach überraschend, im Inhalt nicht selten sarkastisch, aber durch eine Berlinerische Tonart, die im Kontrast zu seiner großbürgerlichen

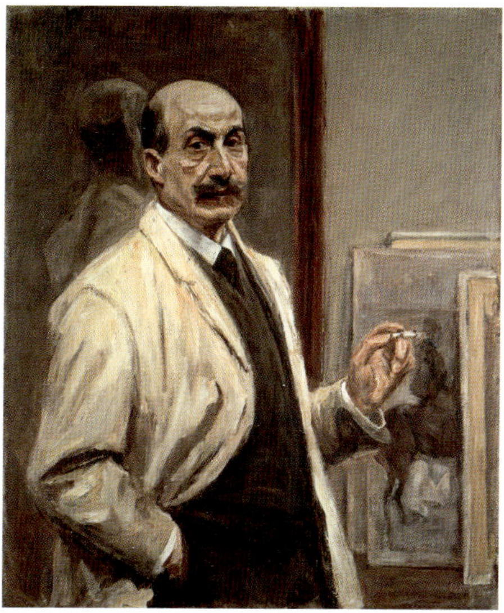

Selbstbildnis, 1910, Öl auf Leinwand, 112 × 92,5 cm, Hamburger Kunsthalle

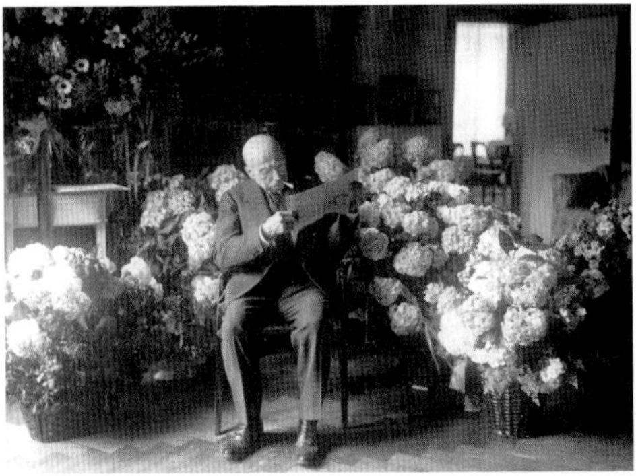 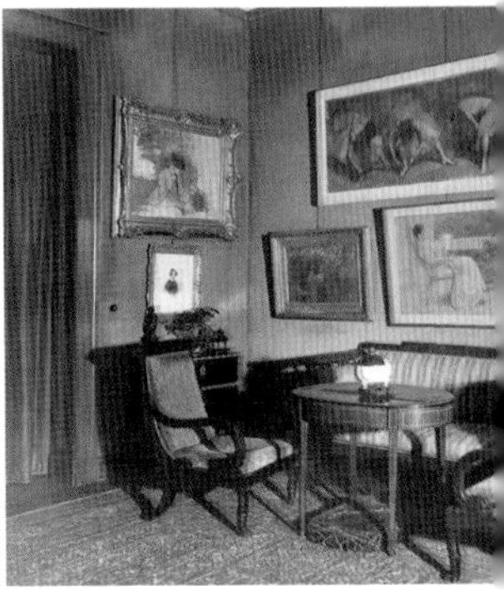

Attitüde steht, so ironisch gebrochen, dass man ihm alle Derbheit nicht nur verzeiht, sondern sie als Ausdruck von Originalität bewundert und seine Aussprüche sammelt. Sie sind es, durch die er bis heute als Berliner Original wahrgenommen wird.

Zeitschriften wie *Haus, Hof und Garten* bringen regelrechte „Home stories", zeigen den Künstler in seinem Atelier oder im Garten. Die *Fleisch-Verbands-Zeitung* interviewt Liebermann zusammen mit Reichspräsident Hindenburg und Geheimrat Hahls zu der Frage, welches Fleischgericht sie favorisieren. „Hier können Sie ja schon riechen", antwortet der Meister, „dass es heute Mittag einen guten Kalbs- oder Rinderbraten geben wird. Und hoffentlich gibts abends auch ein tüchtiges Fleischgericht. Wir sind doch keine Fische." Junge Künstler wie Conrad Felixmüller und Rudolf Grossmann bitten um die Erlaubnis, den berühmten Maler porträtieren zu dürfen und machen Skizzen im Haus am Pariser Platz. Namhafte Porträtfotografinnen und -fotografen geben sich bei ihm die Klinke in die Hand, unter ihnen Suse Byk, Fritz Eschen, Marta Huth oder Käthe Augenstein. Auch Filmaufnahmen werden gemacht. Zum 80. Geburtstag am 20. Juli 1927 wird der Jubilar mit Presseberichterstattung und öffentlichen Ehrungen geradezu überhäuft. Der Orden Pour le Mérite und der Adlerschild des Reiches werden ihm überreicht als „Zeichen des Dankes, den Ihnen das deutsche Volk schuldet". Liebermann wird zum Ehrenbürger seiner Heimatstadt Berlin ernannt.

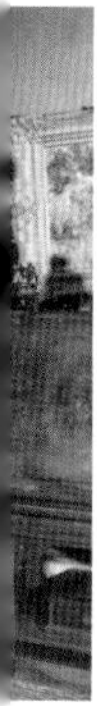

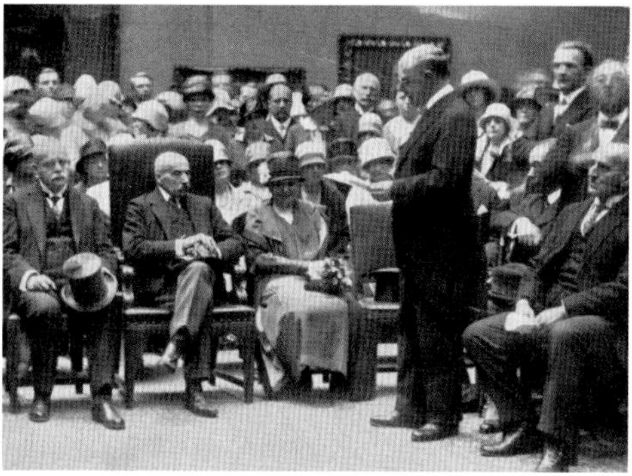

Von links nach rechts:

Liebermann an seinem 80. Geburtstag in seiner Villa am Wannsee, 1927

Das Wohnzimmer des Künstlers im Haus am Pariser Platz Nr. 7, um 1932

Verleihung der Preußischen Staatsmedaille an Max Liebermann zu seinem 80. Geburtstag, 1927

DIE LETZTEN LEBENSJAHRE

Doch all diese Ehrungen sind bedeutungslos, als im Januar 1933 die nationalsozialistische Partei an die Macht kommt und der Antisemitismus zur Staatsraison erhoben wird. Der politische Umbruch ist für Liebermann ein Schock. Er muss miterleben, wie die Akademie unter dem neuen, antirepublikanischen Präsidenten Max von Schilling auf die Linie der Nationalsozialisten einschwenkt und Käthe Kollwitz und Heinrich Mann zum Austritt aus der Akademie gezwungen werden. Er ist entsetzt, als unter dem Eindruck des „Gesetzes zur Wiederherstellung des Berufsbeamtentums" auch noch die letzten Juden aus der Akademie vertrieben und keine Werke jüdischer Künstler mehr ausgestellt werden. Nur einzelne Mitglieder widersetzen sich den neuen Maßnahmen, wie Ricarda Huch, Alfons Paquet oder Oskar Loerke. Liebermann kommt einem Ausschluss aus der Akademie zuvor, indem er im Mai 1933 presseöffentlich sein Amt als Ehrenpräsident niederlegt und aus der Akademie austritt.

Nach meiner Überzeugung hat Kunst weder mit Politik noch mit Abstammung etwas zu tun, ich kann daher der Preußischen Akademie der Künste […] nicht länger angehören, da dieser Standpunkt keine Geltung mehr hat.

Max Liebermann, Austrittserklärung an den Staatssekretär der Preußischen Akademie der Künste, 7. Mai 1933

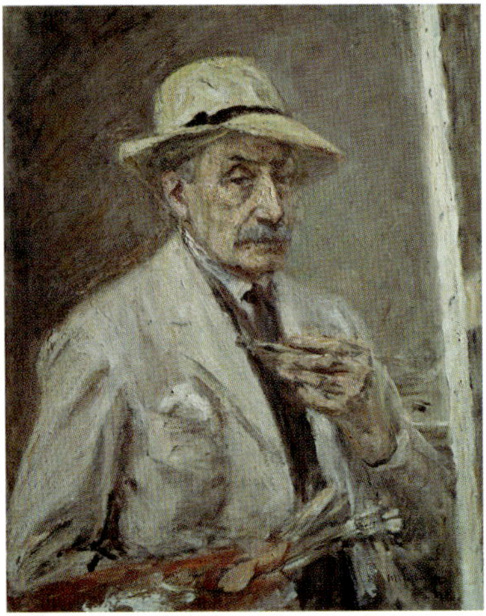

Selbstbildnis im Malkittel mit Hut, 1834, Öl auf Leinwand, 92,1 × 73,3 cm, Tate Gallery, London

Von seinem Haus aus kann er die Aufmärsche und Fackelzüge am Brandenburger Tor sehen und soll in dieser Situation den berühmten Ausspruch getan haben: „Ich kann gar nicht so viel essen, wie ich kotzen möchte.“ Liebermann zieht sich in den letzten beiden Jahren ganz auf seine Malerei zurück und will nichts von der Welt um ihn herum mehr sehen. Der 87-Jährige malt aus der Erinnerung einige Bilder von Gartenlokalen am Wannsee und ein letztes Selbstporträt mit Panamahut, das, von heute aus betrachtet, wie eine Art Abschied wirkt. Max Liebermann stirbt am 8. Februar 1935. Seine Frau Martha Liebermann wird später sagen, dass er noch rechtzeitig gestorben ist, um nicht erleben zu müssen, was danach noch alles geschah.

MARTHAS ENDE

Martha überlebt ihren Mann um acht Jahre. Sie erleidet alles Unrecht, das den jüdischen Deutschen angetan wird: Entrechtung, Diskriminierung, Beraubung und Bedrohung mit dem Tod. 1940 wird sie gezwungen, die Wannsee-Villa an die Deutsche Reichspost zu verkaufen, ohne je über den Erlös verfügen zu können. Stattdessen muss sie aus dem Nachlass ihres Mannes zu Spottpreisen Kunstwerke veräußern, um Lebensmittel kaufen zu können. 1938 hat Martha Liebermann die Gelegenheit, gemeinsam mit ihrer Tochter Käthe und deren Familie in die USA auszuwandern. Doch die 80-jährige Frau will den Nachlass ihres Mannes nicht in Berlin zurücklassen und entscheidet sich zu bleiben. Als sie dann 1941 mithilfe von Freunden aus Schweden und der Schweiz versucht, Deutschland zu verlassen, ist es zu spät. Man verweigert ihr die Ausreisegenehmigung, weil das Reichswirtschaftsministerium hofft, von den Freunden eine hohe Fluchtsteuer in

Ich danke jeden Morgen dem Schicksal, dass mein Mann diese Zeit nicht erlebt und dass meine Tochter mit Mann und Kind dies Land verlassen konnten [...].

Martha Liebermann an die Künstlergattin Emma Zorn, 18. Oktober 1941

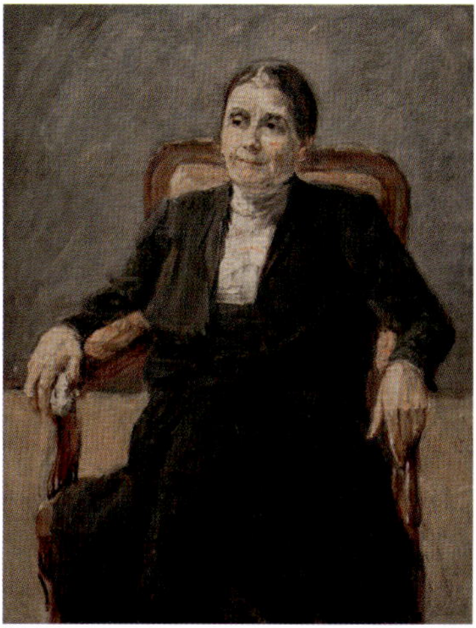

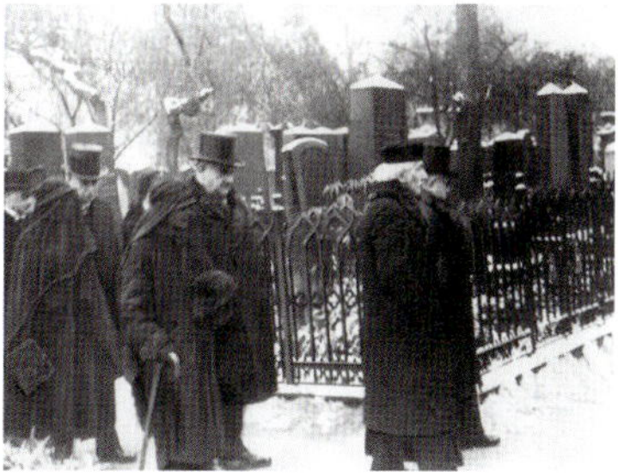

Oben: **Martha Liebermann, Die Gattin des Künstlers**, 1930, Öl auf Leinwand, Museum Georg Schäfer Schweinfurt

Unten: Beerdigung Max Liebermanns, 1935

Devisen erpressen zu können. Am 5. März 1943 fordert ein Kriminalbeamter Martha Liebermann auf, sich für die Deportation ins Konzentrationslager Theresienstadt fertig zu machen. Die Künstlerwitwe setzt daraufhin ihrem Leben mit einer Überdosis des Schlafmittels Veronal ein Ende.

SCHLUSSBEMERKUNG

Heute ist Max Liebermann wieder in sein altes Recht als bedeutendster Maler der deutschen Kunst um 1900 eingesetzt. Seine Werke gehören in den Museen zu den Spitzenstücken seiner Epoche und erzielen auf Auktionen Höchstpreise. Sein Haus am Wannsee ist restauriert und zum Museum umgebaut und gilt wegen seines rekonstruierten Gartens als Ort der Begegnung mit der Kunst und der Persönlichkeit des Meisters.

Konzeption der kleinen Reihe
Martina Padberg

Redaktion
Doris Hansmann

Lektorat
Barbara Delius

Satz und Gestaltung
Christian Padberg

Printed in Germany

Erschienen im
Wienand Verlag
www.wienand-verlag.de
Weyertal 59, 50937 Köln

ISBN 978-3-86832-373-3

Umschlagabbildungen
Einband: *Restaurationsgarten*, 1900; Vorsatz: *Frau mit Geißen in den Dünen*, 1890; Hinterer Vorsatz: *Abend am Uhlenhorster Fährhaus*, 1910

Bibliografische Information der Deutschen Nationalbibliothek

Die Deutsche Nationalbibliothek verzeichnet diese Publikation in der Deutschen Nationalbibliografie; detaillierte bibliografische Daten sind im Internet über http://dnb.de abrufbar.

Fotonachweis
© akg-images: Cover, Vorsatz, S. 14, 15, 20 22, 24/25, 28, 34, 37, 39, 43, 53, 54/55, 59, 63 unten, 72, 91, 94, 95 oben; akg-images/ Foto: Cem Yücetas: S. 27; akg-images/Erich Lessing: S. 42; ARTOTHEK, Standort: München, Neue Pinakothek: S. 64/65; Bildarchiv Pisarek/akg-images: S. 95; bpk/Staatsbibliothek zu Berlin/F. Albert Schwartz: S. 5; bpk/Hamburger Kunsthalle/ Christoph Irrgang: S. 38; bpk/Zeitungsabteilung, Staatsbibliothek zu Berlin - Preußischer Kulturbesitz: S. 44 oben; bpk/Klassik Stiftung Weimar: S. 47 unten; bpk/Hamburger Kunsthalle/Elke Walford: S. 56/57 + hinterer Vorsatz; bpk/ Museumslandschaft Hessen Kassel: S. 63 oben; bpk/Staatliche Kunstsammlungen Dresden/Elke Estel/Hans-Peter Klut: S. 82; bpk/Hamburger Kunsthalle /Elke Walford: S. 88; bpk/Zentralarchiv, SMB: S. 93; Christie's Images Ltd - ARTOTHEK, Standort: Christie's Images Ltd: S. 41; Landesmuseum Hannover: S. 89; Max Liebermann Gesellschaft: Foto Christoph Adam: S. 78, oben, Foto Liebermann-Villa: S. 78 unten, 79; MLG Bild: S. 47 oben, 73, 81; MLG Bild, Foto: Julia Jungfer: S. 8, 31; MLG Bild, Foto: Leon Alfred Vassel: S. 69; MLG Bild, Foto: S. Frank: S. 83; Nachlass Gretchen Whitman: S. 80; Privatbesitz: S. 30, 60; SLUB Dresden: S. 67; Staatliche Kunsthalle Mannheim: S. 27 unten; SZ Photo: S. 92; ullstein bild: S. 6, 77, 90, 92/93; Courtesy Tel Aviv Art Museum: S. 44 unten

Trotz intensiver Recherchen war es nicht in allen Fällen möglich, die Rechteinhaber der Abbildungen ausfindig zu machen. Berechtigte Ansprüche werden selbstverständlich im Rahmen der üblichen Vereinbarungen abgegolten.

Wienand-Publikationen werden weltweit in führenden Buchhandlungen und Museumsshops angeboten (Vertrieb in Europa, Asien, Nord- und Südamerika).

WIENAND'S
KLEINE REIHE
DER KÜNSTLER-
BIOGRAFIEN

96 Seiten
12,95 €

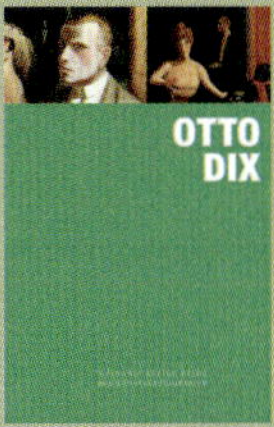

978-3-86832-571-3

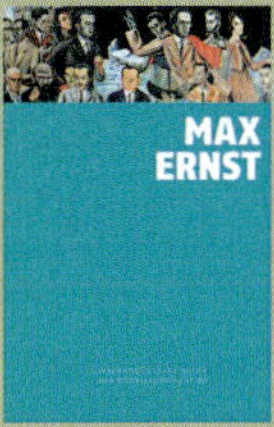

978-3-86832-539-3

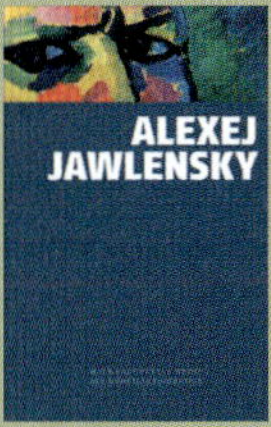

978-3-86832-286-6

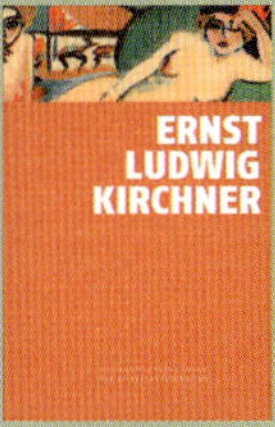

978-3-86832-389-4

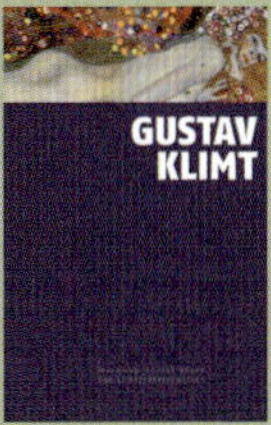

978-3-86832-387-0

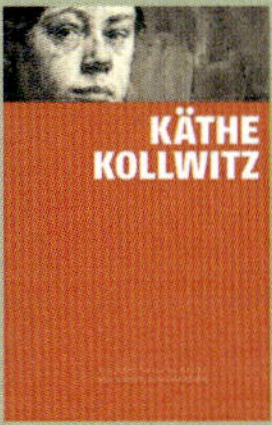

978-3-86832-285-9

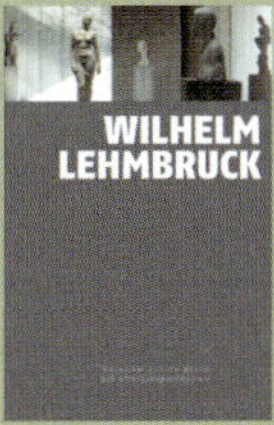

978-3-86832-388-7

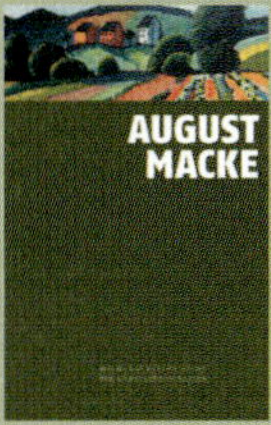

978-3-86832-208-8

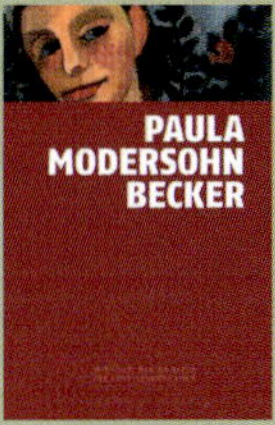

978-3-86832-210-1

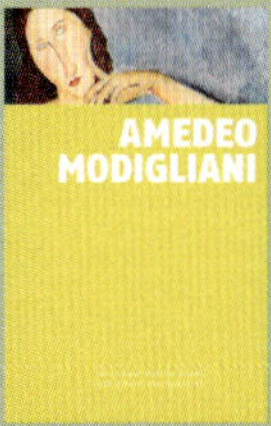

978-3-86832-574-4

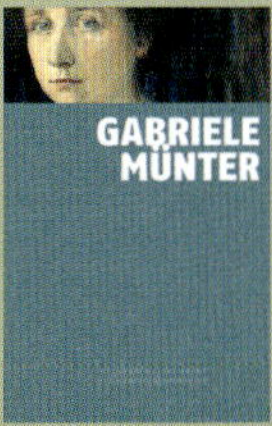

978-3-86832-372-6

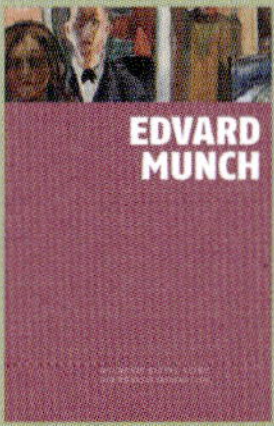

978-3-86832-598-0

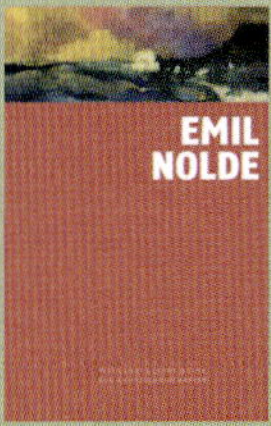

978-3-86832-572-0

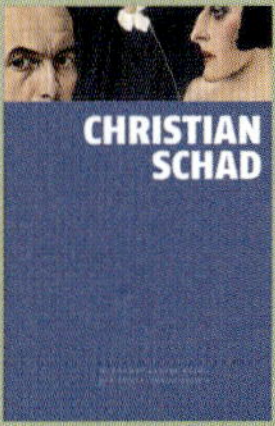

978-3-86832-573-7

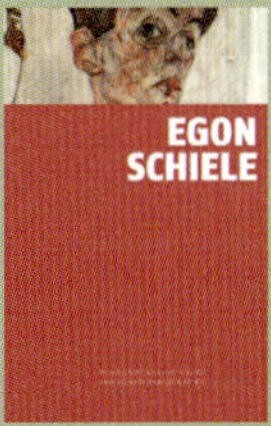

978-3-86832-374-0

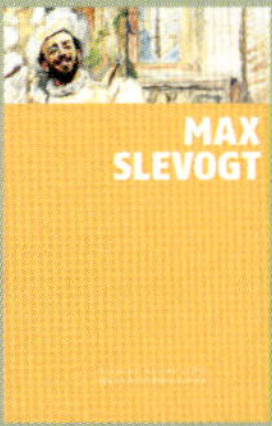

978-3-86832-442-6

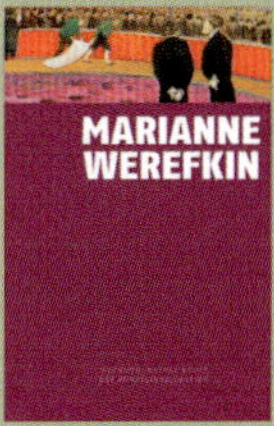

978-3-86832-540-9

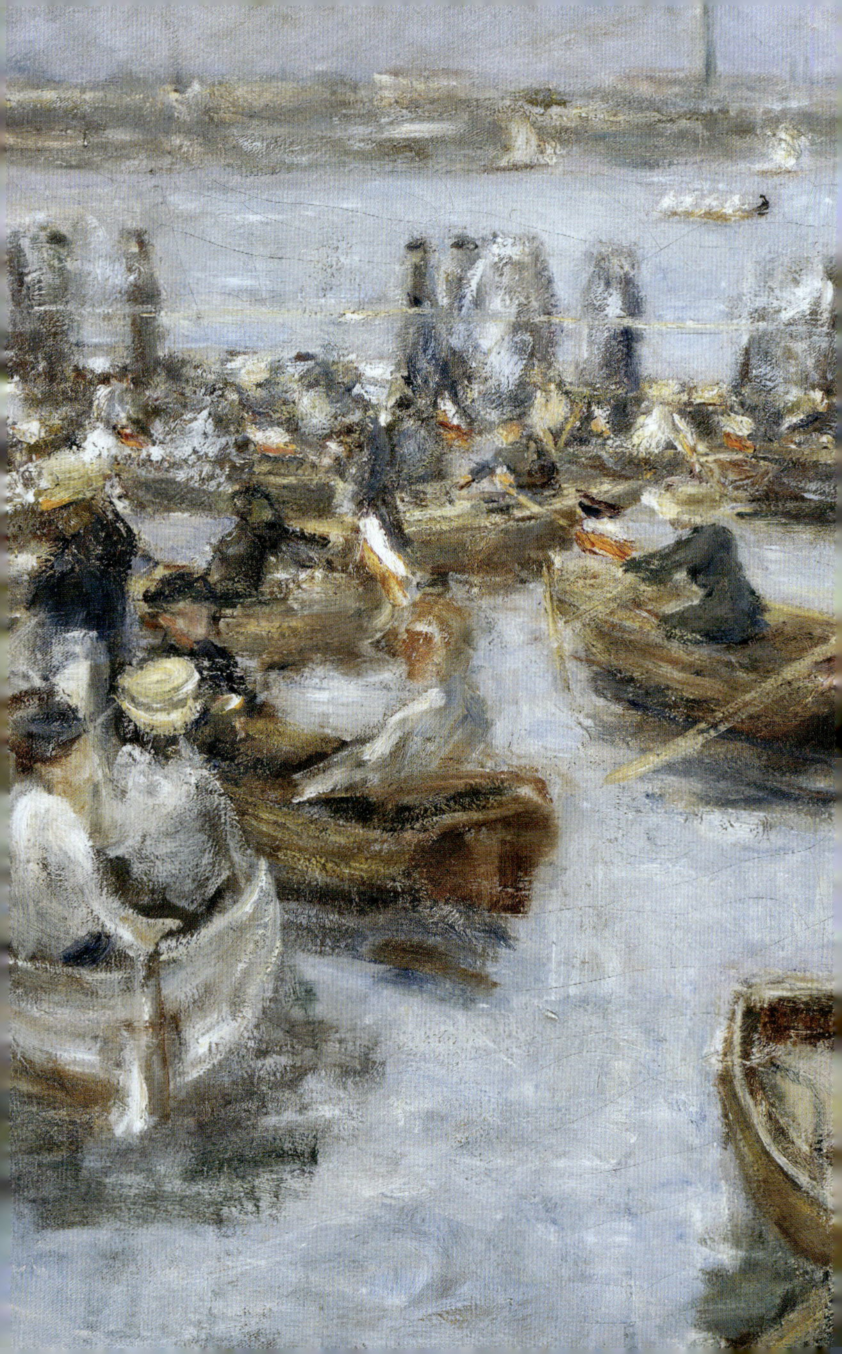